十笏园研究丛书

别有缠绵山水间 十笏园

刘全宝 李学英 郑红红／著

文物出版社

图书在版编目（CIP）数据

别有缠绵山水间 ：十笏园 / 刘全宝，李学英，郑红红著. —北京 ：文物出版社，2018. 9

（十笏园研究丛书）

ISBN 978 -7 -5010 -5633 -0

Ⅰ. ①别… Ⅱ. ①刘… ②李… ③郑… Ⅲ. ①古典园林 - 文化研究 - 潍城区 Ⅳ. ①K928. 73

中国版本图书馆 CIP 数据核字（2018）第 157655 号

别有缠绵山水间——十笏园

著　　者：刘全宝　李学英　郑红红
摄　　影：姜光辉　牛光辉　陈　阳
责任编辑：陈　峰
封面设计：程星涛
责任印制：陈　杰

出版发行：文物出版社
地　　址：北京市东直门内北小街 2 号楼
邮　　编：100007
网　　址：http：//www. wenwu. com
邮　　箱：web@ wenwu. com
经　　销：新华书店
印　　刷：北京京都六环印刷厂
开　　本：787mm × 1092mm　1/16
印　　张：13. 75
版　　次：2018 年 9 月第 1 版
印　　次：2018 年 9 月第 1 次印刷
书　　号：ISBN 978 -7 -5010 -5633 -0
定　　价：98. 00 元

全景

园中内景

园中内景

假山石

砚香楼

稳如舟

漪岚亭

鸢飞鱼跃

春雨楼

园中曲桥

园中长廊

深柳读书堂

郑板桥《倒题兰》碑石

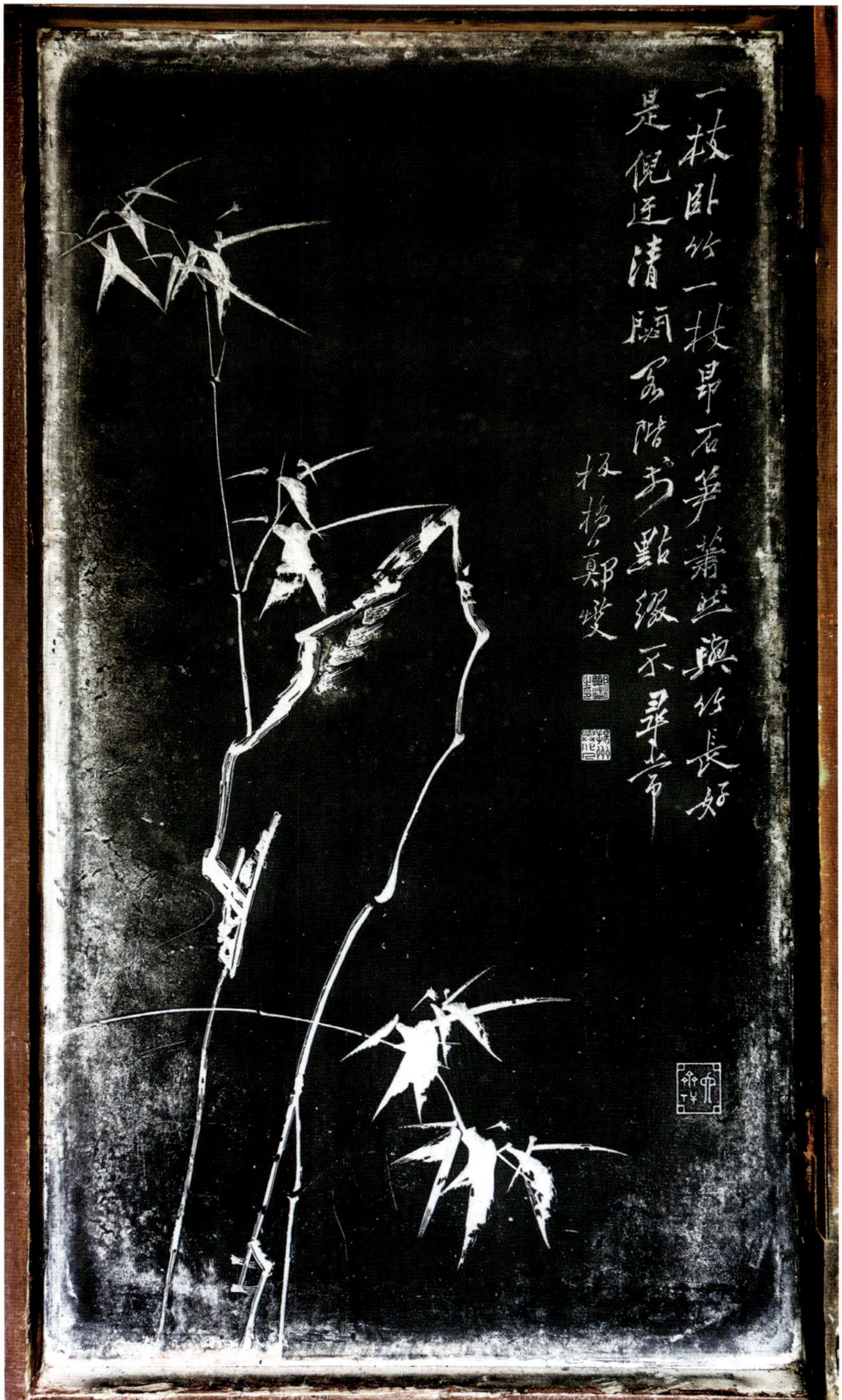

郑板桥《题卧竹图》碑石

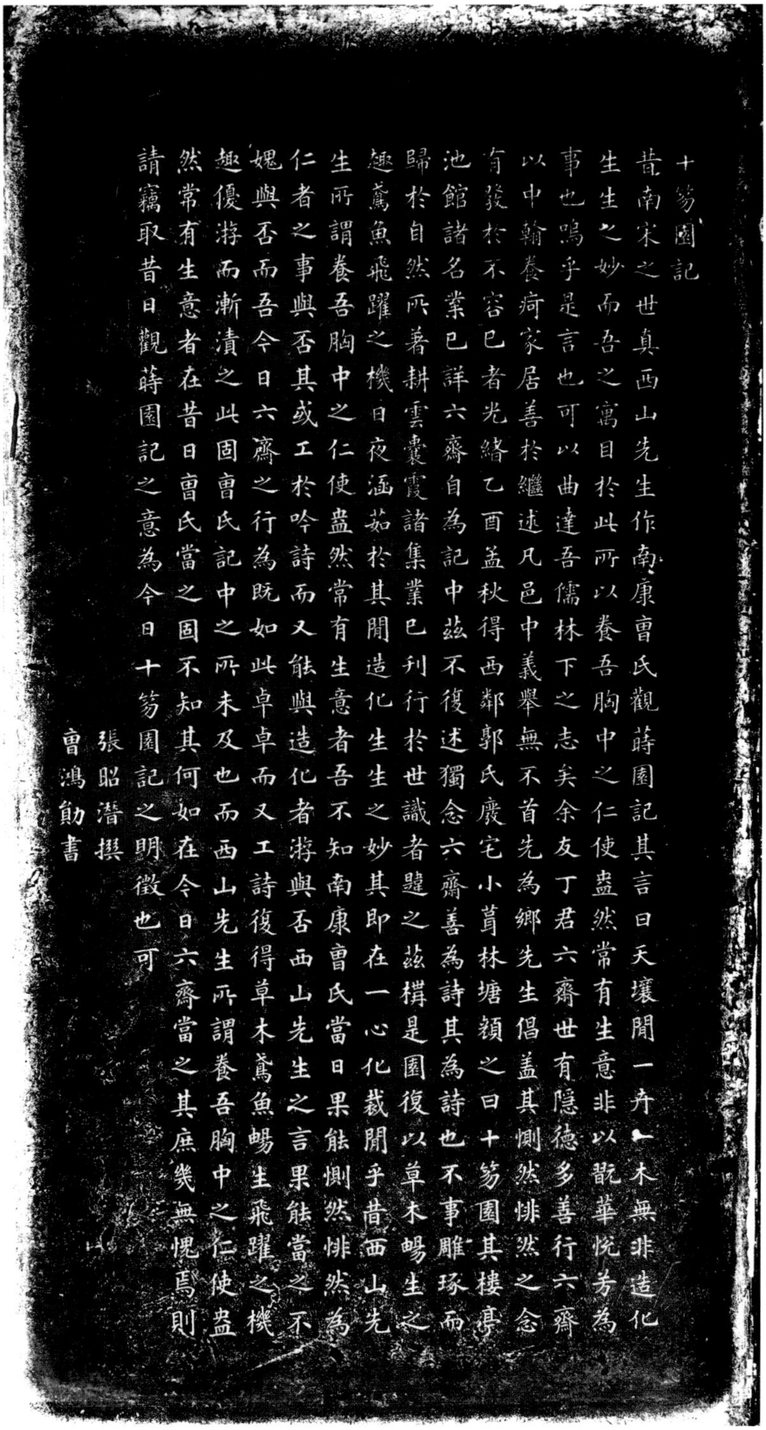

十笏園記

昔南宋之世真西山先生作南康曾氏觀蒔園記其言曰天壤閒一卉一木無非造化
生生之妙而吾之寓目於此所以養吾胸中之仁使盎然常有生意非以翫華悅芳為
事也嗚乎是言也可以曲達吾儒林下之志矣余友丁君六齋世有隱德多善行六齋
以中翰養痾家居善於繼述凡邑中義舉無不首先為鄉先生倡蓋其惻然悱然之念
有發於不容已者光緒乙酉孟秋得西鄰郭氏廢宅小葺林塘顏之曰十笏園其樓亭
池館諸名業已詳六齋自為記中茲不復述獨念六齋善為詩其為詩也不事雕琢而
歸於自然所著耕雲囊霞諸集業已刊行於世識者韙之茲搆是園復以草木暢生之
趣鳶魚飛躍之機日夜涵茹於其閒造化生生之妙其即在一心化裁閒乎昔西山先
生所謂養吾胸中之仁使盎然常有生意者吾不知南康曾氏當日果能惻然悱然為
仁者之事與否其或工於吟詩而又能與造化者游與否西山先生之言果能當之不
媿與否而吾今日六齋之行為既如此卓卓而又工詩復得草木鳶魚暢生飛躍之機
趣優游而漸漬之此固曾氏記中之所未及也而西山先生所謂養吾胸中之仁使盎
然常有生意者在昔日曾氏當之固不知其何如在今日六齋當之其庶幾無愧焉則
請竊取昔日觀蒔園記之意為今日十笏園記之明徵也可

張昭潛撰

曾鴻勛書

张昭潜撰《十笏园记》碑石

序

1885 年，十笏园开建，弹指间，130 多年过去了。曾经的文人雅集、诗酒流连、名流遗韵都随风而逝，刹那芳华。

2007 年，潍坊十笏园博物馆成立，转瞬间，十年过去了。政府关注，财政支持；修复已足，研究尚无，情何以堪。

辉煌过，沉寂过，而今迈步从头越。

2016 年，新馆领导班子思有作为，十笏园研究提上议事日程。

十笏园建成之初，园主人丁善宝留有《十笏园记》一篇，后人多不省。园林古建，源远流长，专业性强，关于十笏园的文章虽多，妄度臆测者不少，以讹传讹者众。

“抛却自家无尽藏，沿门托钵效贫儿”。作为十笏园看门人（馆内同事戏言），守着美轮美奂的古典园林，每发思古之幽情；驻于斯，游于斯，赏于斯，思于斯，常生丹青描绘小园于大众之豪情。

于是有十笏园研究系列丛书出版计划，初步规划先出三本书：《别有缠绵山水间——十笏园》、《印象十笏园》和《十笏园研究》。

水平所限，勉为其难；职责所在，当仁不让！

园林古建是优秀传统文化的载体，是凝固的历史。复兴优秀传统文化首先是保护研究“活化石”，潍坊十笏园博物馆责无旁贷。

有国家层面的优秀传统文化复兴旗帜指引，借潍坊市“文化立市”东风，十笏园研究适逢其时。

西风东渐，渐及全盘，但古典园林，唯我中华！

北国小园，百年沧桑；蕴史蕴文，读之思之；谨而为文，惶恐系之；如萃华不出，非园不美，笔力难逮也。

回思既往，感慨系之：十笏园百年间，

名园名人名篇。

如今我辈接棒，

试与古人争先。

刘全宝

2017 年 10 月

目　录

前言

北海故郡，鸢都新府；物华天宝，人杰地灵。潍坊十笏园亦出名区。

十笏园坐落在潍坊市潍城区胡家牌坊街49号，原为明朝嘉靖年间刑部郎中胡邦佐的住宅，后被潍县首富丁善宝以重金购得，改建为私人花园。故地迄今已有五百多年的历史。因其小巧玲珑，故以十块笏板为喻，名为“十笏园”。十笏园荟萃南北园林艺术，设计巧妙，布局严谨，为北方私家名园。我国著名古建专家陈从周教授在其专著《说园》中赞曰：“北国小园，能饶水石之胜者，以此为最。”1988年，十笏园被国务院公布为全国重点文物保护单位，与东部民居、西北部关侯庙孔相祠组成十笏园古建筑群。

入园即是忘忧客，到此无非画中人。十笏园因地制宜，凿池叠山，曲径通幽又豁然开朗，“虽由人工，宛若天成”。园内诗情画意，南北园林艺术之精粹在这里交汇、融合，畅游于此，仿佛是怡情冶兴的文化之旅。

近代“达官、名士、骚人、墨客过潍者，无不以得游斯园为幸”。

古典园林的存在，是先民智慧、才艺的结晶，是全人类失而不可复得的物质财富和精神财富，其文化底蕴博大精深，意义悠长。

随着园林原貌渐复，游者日众，观赏园林提出的问题也层出不穷。为进一步呈现园林风貌，满足游客游览需要，潍坊十笏园博物馆决定出版《十笏园》一书。十笏园美景丹青难写，小书难免挂一漏万，愿与游者“名园相与析”。

“点窜尧典舜典字，涂改清庙生民诗”——书成谁与？

筚路蓝缕辛勤久，引玉抛砖启山林——愿做先锋。

计成有言：“历尽风尘，业游已倦，少有林下风趣，逃名丘壑中，久资林园。”读之，心有戚戚焉。

四照亭独坐，亭台依旧。想当年对酒当歌，文才风流，至今漫寻遗迹。虽“楚台风，庾楼月，宛如昨”，仍“梦阑时，酒醒后，思量着”。科举年代的园林，文人雅集，负“为天地立心，为生民立命，为往圣继绝学，为万世开太平”之使命，难免有“叹年光过尽，功名未立，书生老去，机会方来”之叹。

东海西海，今人古人，园林景依旧，心境似可寻。看山看水，自本自根：

品凝固的诗，

味立体的画。

山因城市起，

水自绕山流。

引子 园林怀古——丘墟之上有华章

写十笏园，必涉及园林历史；追溯历史，源远流长。很想写点什么，又放弃了。兴亡感叹，古人所擅，不敢强为。摘录诗词华章，一应怀古之念。

戍卒叫，函谷举，楚人一炬，可怜焦土！

——唐·杜牧《阿房宫赋》

昔人豪贵信陵君，今人耕种信陵坟。
荒城虚照碧山月，古木尽入苍梧云。
梁王宫阙今安在，枚马先归不相待。
舞影歌声散绿池，空馀汴水东流海。
沉吟此事泪满衣，黄金买醉未能归。

——唐·李白《梁园吟》

繁华事散逐香尘，流水无情草自春。
日暮东风怨啼鸟，落花犹似坠楼人。

——唐·杜牧《金谷园》

建章三月火，黄河万里槎；
若非金谷满园树，即是河阳一县花。

——北周·庾信《枯树赋》

金谷俊游，铜驼巷陌，新晴细履平沙

——宋·秦观《望海潮·梅英疏淡》

兴亡千古繁华梦，诗眼倦天涯。
孔林乔木，吴宫蔓草，楚庙寒鸦。
——元·张可久《人月圆·山中书事》

园林伴英雄灰飞烟灭。
但“此事不关风与月”。

苏子曰：“客亦知夫水与月乎？逝者如斯，而未尝往也；盈虚者如彼，而卒莫消长也。盖将自其变者而观之，则天地曾不能以一瞬；自其不变者而观之，则物与我皆无尽也，而又何羡乎？且夫天地之间，物各有主，苟非吾之所有，虽一毫而莫取。惟江上之清风，与山间之明月，耳得之而为声，目遇之而成色，取之无禁，用之不竭。是造物者之无尽藏也，而吾与子之所共适。”

——宋·苏轼《前赤壁赋》

劫后余生的园林，淡淡而立，俟君子之游，拟君子之交，如法师言：

君子之交，其淡如水。执象而求，咫尺千里。
问余何适，廓尔忘言。华枝春满，天心月圆。
——弘一法师

好在十笏园还在！且游且赏且怜惜！

人人尽说江南好，不信江北有苏州——题记

第一章　十笏渊源——潍州原是小苏州

园林起源——学术界的看法

按照学术界公认的说法，中国皇家园林起源于商、周时期的囿和台，与古代君主的狩猎与神通行为有关；而私家园林主要起源于百姓住宅旁边的园圃，其中种植菜蔬果木，既有生产功能，也有一定的观赏价值。

“园”字解——建筑大家说园

建筑大家童寯：园之布局，虽变幻无尽，而其最简单需要，实全含于“園”字之内。今将“園”字图解之：“□”者围墙也。“土”者形似屋宇平面，可代表亭榭。“□”字居中为池。池前为山，其旨与此正似。

园林要素论——山水林木建筑

所以可见中国园林的主要特点：因地制宜，掘池造山，布置房屋花木，并利用环境、组织借景，构成自然风趣的园林，人居其中。如果从其基本要素山、水、林木和建筑来看，园林的起源与人类发展相伴，并从自然状态的山水草木发展到人化的自然，直到城市山林。

园林发展趋势——秦汉直到明清

从秦汉园林移山倒海、吞吐天地气势到中唐开始出现“壶中天地”，明清时期的园林艺术集前代之大成，造园技术炉火纯青，其在山水意境、建筑设计和诗情画意方面也有所创造，并且园林数量和规模都远迈前代。但在园林气势上，大不如前，进入佛家所言“芥子纳须弥”（即任何微小的物体都能蕴含、映现整个世界）阶段，这也是同中国文化发展阶段息息相关的。

明清理学地位巩固，文人愈加彻底地立足于自我心性之中。文人园林作为精神空间，是不以真实空间的大小为衡量尺度的，“片山多致，寸石生情”，力求在有限的空间形态中求得一已性情的自适，并从中体味与宇宙及人世相顺应的安宁与自由，这一点在明清私家园林中体现尤为明显。

明王世贞：“山居之迹于寂也，市居之迹于喧也，惟园居在季孟间耳。”这就是既要坐享城市文明，又留恋湖山乐趣，“城市山林”应运而生。城市山林必然是“咫尺山林”，以适性自足为尚，则园虽小已足矣。

明清造园家

造园家随之兴起，明代的张南阳、文震亨、周秉忠、计成，清代的李渔、石涛、张南垣、张然、戈裕良、仇好石等人都是造园名家。

明清江南名园

江南私家园林在明清两代也有极大的发展，致仕官员、巨商富贾择地叠石造园蔚然成风，名园辈出，余慧至今。清人认为“杭州以湖山胜，苏州以市肆胜，扬州以园亭胜”。

旧园新生，新园争艳，中意于素雅质朴、闲适可意的写意小园，一时江南园林甲天下。南风北渐，影响皇家私家。沧浪亭（始建于宋）、狮子林（始见于元）、拙政园、留园、网师园等等，今天仍享盛誉。

古典园林是传统文化的载体，劫后余生的园林是历史的见证。这一点，我们将从明清潍县园林中加以考证。

一 南风北渐——东莱首邑园林风

地理优势

昌潍平原的潍县，隶属莱州府，曾是北海郡、潍州府所在地，自古为北海名区、东莱首邑，素有“南苏州、北潍县”之美誉，在清代是一个商业活动频繁的地方，这里的商人、文人既可南下苏杭，也可北上京都，两处园林各自具有的优点长处在潍县园林中表现得淋漓尽致。

文化底蕴

潍县文风昌盛，读书习文成为社会时尚，科举高中，簪缨不绝。文人受商业文化影响，已经不再像古代隐士那样隐居山林、田园，而是依附于城市，流连于市井，辗转城镇，交游唱和，笙歌玉宴，以“得从文酒之乐”为幸事，将“治园亭，杂莳花木”作为高雅的文化活动，形成建在繁华市内的“城市山林”。

风雅谁擅

园林的所有者，主要为古代现任或退休的达官显贵即士大夫，还有豪绅、大贾之流；小园主则为拥有起码资财的骚人墨客之类。具有文化修养的士大夫们，感于宦海沉浮而标榜田园、山林的归隐，以示高雅。城市宅院恰可满足他们的需要，而使物质与精神两者的享受兼得。

与士大夫有密切联系的豪绅、大贾，也多建园。15 世纪以来，“弃儒就贾”是中国社会史上普遍的新现象。“天下之士多出于贾”，是一个“士魂商才”的时代。明代科举名额——包括贡生、举人和进士——并未与人口相应而增加，士人获得功名的机会于是越来越小。16 世纪已流行一种说法：士而成功也十之一，贾而成功也十之九。不少士人放弃举业，投身商业。传统的士农工商社会结构逐渐向士商农工转化。士商合流是商人能在社会与文化方面开辟疆土的重要因素，即使我们坚持“附庸风雅”之说，我们也无法否认以下两个事实：即由于商人的“附庸”，士大夫的“风雅”已开始改变了。士大夫的商人化，从明代唐寅《言志・不炼金丹不坐禅》中可以体味：

不炼金丹不坐禅，
不为商贾不耕田。
闲来写就青山卖，
不使人间造孽钱。

士大夫商贾化，商人效士大夫风流，诗书画意成为媒介。江南文人园林崇尚诗情画意，于是士大夫与商人在造园方面合流了。

清代官吏士大夫和富商园主，将其私园作为生活起居的组成部分，家族活动以及宴会会客等社会活动常在其中进行。

四季优游在园林

清康熙年间陈扶摇著《秘传花境》之“花间日课”四则，正是园林活动的写照：

春

晨起点梅花汤，课奚奴洒扫曲房花径。阅花历，护阶苔，禺中取蔷薇露浣手，熏玉蕤香，读赤文绿字。晌午采笋蕨，供胡麻，汲泉试新茗。午后乘款马。执剪水鞭，携斗酒双柑，往听黄鹂。日晡坐柳风前，列五色笺任意吟咏。薄暮绕径，指园丁理花、饲鹤、种鱼。

夏

晨起芰荷为衣，傍花枝吸露润肺，教鹦鹉诗词。禺中随意阅老、庄数页，或展法帖临池。晌午脱巾石壁，据匡床，与忘形友谈齐谐山海；倦则取左宫枕，烂游华胥园。午后刳椰子盂，浮瓜沉李，捣莲花饮碧芳酒。日晡浴罢兰汤，棹小舟垂钓于古藤曲水边。薄暮箨冠蒲扇，立高阜，看园丁抱庖浇花。

秋

晨起下帷捡牙签，挹花露研珠点校，禺中操琴调鹤，玩金石鼎彝，晌午用莲房洗砚，理茶具，拭梧竹。午后戴白接篱，着隐士衫，望霜叶红开，得句即题其上。日晡持蟹螯鲈鲙，酌海川螺，试新酿，醉听四海虫吟，及樵歌牧唱。薄暮焚畔月香，壅菊观鸿，理琴数调。

冬

晨起饮醇醪，负暄舆栉。禺中置毡褥，烧乌薪，会名士作黑金社。晌午挟筐理旧稿，看树影移阶，热水濯足。午后携都统笼，向古松悬崖间，敲冰煮建茗。日晡羔裘貂帽，装嘶风蹬，策蹇驴，问寒梅消息。薄暮围炉促膝，煨芋魁，说无上妙偈，剪灯阅剑侠列仙诸传，叹剑术之无传。

二　园林竞艳——令人长忆旧华轩

《潍县志稿·营缮·园亭》记载：潍县当升平时代，缙绅之族优游多暇，往往性耽风雅，园林是尚。

爰就县中旧有园亭之稍稍著称者，约略摭拾，附以前贤题咏，则风亭月榭犹可想象见之，“花落水流红，闲愁万种，无语怨东风”。

造园艺术不只是空间经营的艺术，同时也是时间经营的艺术，园林是一种具有实用价值的时空艺术，作为园林实体，虽可消弭无迹，但附着其上的诗文却能于废墟断壁之上追寻诗情画意的时光。

据《潍县志稿》记载，金元明清潍县园林合计 17 处，其中，金代 1 处，明代 2 处，清代 14 处，除十笏园外，余者仅名存世，“原来姹紫嫣红开遍，似这般都付与断井颓垣”。世事变迁，空余浩叹。撮录其名如下：

金代完颜氏别墅，今潍城玉清宫旧址。

明代南园，原潍县县衙东南，明代嘉靖时刘应节建。

明代齐氏园，相传在城西北齐家庄，明隆庆时齐一经别墅。

清初半亩园，今潍城仓巷子路西，清初陈尚志养性之所。

清乾隆年间有西园（复园）、余庆园（绿萝山庄）、叠石山馆。

清嘉庆年间有自怡园、艮园。

清道光年间有黄叶楼、柏园、绿野斋、莲池别墅、杨家别墅。

清咸丰年间有易园。

清光绪年间有十笏园、颐园。

颐园因光绪皇帝御赐《懿築颐龄》匾额而得名。

绿萝山庄（此图采自民国三十年《潍县志稿》）

自怡园图（此图采自民国三十年《潍县志稿》）

黄叶老人行乐图（此图采自民国三十年《潍县志稿》）

其中丁善宝拥有叠石山馆，建有十笏园，其嗣子丁毓庚购得西园，名之曰复园。

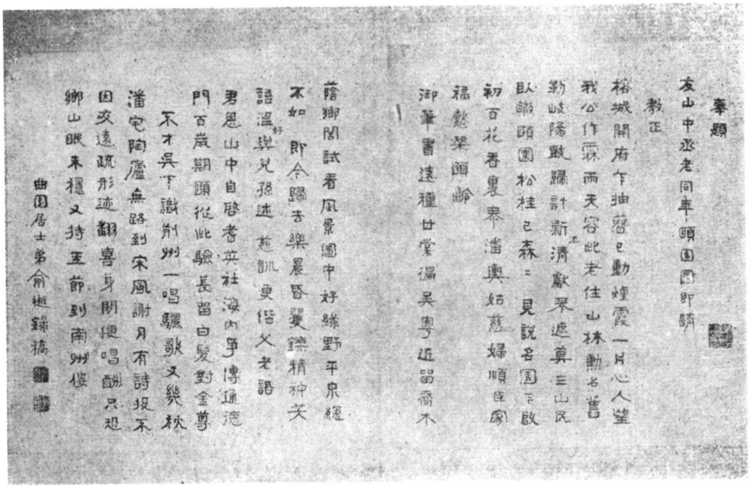

奉題
友山中丞老同年頤園圖即請
教正
裕城開府乍抽簪已動煙霞一片心人望
我公作霖雨天容此老住山林勳名舊
勒岐陽鼓歸計新清獻琴遮莫三山民
臥鎖頤園松桂已森森見說名園下啟
初百花香裏寒淄輿姑慈婦順臣家
福懿樂頤齡
御筆書逵種甘棠徧吳粵近留裔不
蔭鄉閭試看風景圖中好綠野平泉總
不如即今歸去樂晨昏夔鎖精神矣
語溫好與兒孫述趣訓更偕父老語
君恩山中自啓耆英社海內爭傳遜德
門百歲期頤從此驗長留白髮對金尊
不才吳下識荊州一唱驪歌又幾秋
潘宅陶廬無路到宋風謝月有詩投不
因交遠疏形迹翻喜身閒便唱酬只恐
鄉山眠未穩又持玉節到南州倭
曲園居士弟俞樾錄稿

德清俞樾颐园图诗（此图采自民国三十年《潍县志稿》）

复园竚月亭（此图采自民国三十年《潍县志稿》）

三　众里寻芳——人生有幸游斯园

“十笏园在城内胡家牌坊街，清光绪初丁善宝园也。初为明嘉靖胡邦佐故宅，清初陈兆鸾、咸丰时郭熊飞均曾居之。既

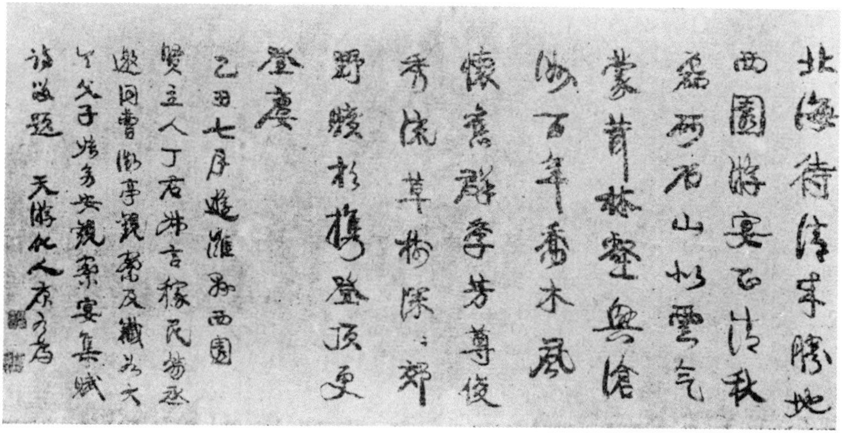

南海康有为题西园诗（此图采自民国三十年《潍县志稿》）

为丁氏所得，辟以为园，楼台池馆之胜，为城中诸园冠。”

“达官、名士、骚人、墨客过潍县者，无不以得游斯园为幸。”

明代计成所写的世界上最早的造园名著《园冶》中有“园说”一章，对于园林描述精到，爱其辞藻，撮录如下，以飨读者：

> 凡结林园，无分村郭，地偏为胜，开林择剪蓬蒿；景到随机，在涧共修兰芷。径缘三益，业拟千秋，围墙隐约于萝间，架屋蜿蜒于木末。山楼凭远，纵目皆然；竹坞寻幽，醉心既是。轩楹高爽，窗户虚邻；纳千顷之汪洋，收四时之烂漫。梧阴匝地，槐荫当庭；插柳沿堤，栽梅绕屋；结茅竹里，浚一派之长源；障锦山屏，列千寻之耸翠，虽由人作，宛自天开。刹宇隐环窗，仿佛片图小李；岩峦堆劈石，参差半壁大痴。萧寺可以卜邻，梵音到耳；远峰偏宜借景，秀色堪餐。紫气青霞，鹤声送来枕上；白苹红蓼，鸥盟同结矶边。看山上个篮舆，问水拖条枥杖；

斜飞堞雉，横跨长虹；不羡摩诘辋川，何数季伦金谷。一湾仅于消夏，百亩岂为藏春；养鹿堪游，种鱼可捕。凉亭浮白，冰调竹树风生；暖阁偎红，雪煮炉铛涛沸。渴吻消尽，烦顿开除。夜雨芭蕉，似杂鲛人之泣泪；晓风杨柳，若翻蛮女之纤腰。移竹当窗，分梨为院；溶溶月色，瑟瑟风声；静扰一榻琴书，动涵半轮秋水，清气觉来几席，凡尘顿远襟怀；窗牖无拘，随宜合用；栏杆信画，因境而成。制式新番，裁除旧套；大观不足，小筑允宜。

骈偶文章不好理解，但一翻译，韵味尽失，了则了矣，味同嚼蜡；再者，欣赏园林，本身就是一种体味，于抑扬顿挫的四六文体中欣赏古典园林，个人觉得那是绝佳的搭配，“悠然心会，妙处难与君说”，未尝不是另一种欣赏。

独爱计成《园冶》，凡所引用，一律不加翻译，以求原汁原味。诸君有意，可参考张家骥著《园冶全释》。

居士高踪何处寻，居然城市有山林。——题记

第二章　小园说史——回首已是百年身

近代百年间风云变幻，“实三千年未有之大变局”；一页园林，见证了世事的沧桑巨变。

幸运的是，十笏园完整地保留了下来，虽有较大偶然性，但却使后人有幸游斯园，而不是废墟凭吊，发思古之幽情。

漫步园林，山自纵横，水池不波；亭台楼阁，朱颜屡改。四照亭桌椅依旧，把酒言欢之人安在哉？潍县名流，鲁东才俊，只余纸上，每思及此，与古人同感。

录宋代陈与义《临江仙·夜登小阁，忆洛中旧游》以飨读者：

忆昔午桥桥上饮，坐中多是豪英。
长沟流月去无声。
杏花疏影里，吹笛到天明。
二十余年如一梦，此身虽在堪惊。
闲登小阁看新晴。
古今多少事，渔唱起三更。

十笏园距今虽不过百余年，但十笏园故地久历沧桑，见证世事轮回，正如《桃花扇》中唱词：

俺曾见，金陵玉树莺声晓，秦淮水榭花开早，谁

知道容易冰消！

眼看他起朱楼，眼看他宴宾客，眼看他楼塌了。

这青苔碧瓦堆，俺曾睡过风流觉，把五十年兴亡看饱。

那乌衣巷，不姓王；莫愁湖，鬼夜哭；

凤凰台，栖枭鸟！残山梦最真，旧境丢难掉。

近代潍县虽没有六朝古都那般走马灯似王朝变换，但也历经明清鼎革、清季剧变、民国风云、外敌入侵、兄弟阋墙以及1948年后诸般运动，渡尽劫波，十笏园犹在。园林虽口不能言，但一山一水，亭台楼榭，都是历史的见证；而十笏园脚下的故地，见证的历史又远远超出十笏园山水见证的范畴。

看山看水看风景

说人说事说四家

一　宿命难逃——千年田地八百主

1. 论园难掩胡邦佐

今人谈十笏园的文章都从光绪年间，即1885年作为十笏园的起始年代。如果单从十笏园的建园算起，当然无可厚非，但如果上溯十笏园故地的历史那就应当从明代胡邦佐算起，百年十笏园的故地其实已经见证了五百年的沧桑变化。砚香楼悄然凝立，她的所见所闻难道不算十笏园的历史吗？让饱经沧桑的砚香楼把她的经历讲给十笏园的后辈们听吧，明季的风云，晚清的历史有很多相似之处，让她们相互借鉴吧。

胡家牌坊街是潍城区的一条老街，因街东头曾建有“恩赐四世坊”而得名。据《潍县志稿》记载，明朝万历皇帝于万历三十七年（1609年）下旨，在胡琏及其儿子胡邦佐、孙子胡给弟、曾孙胡行知祖孙4代家乡住处建“恩赐四世坊”，以表彰胡氏4代人为官时的昭著功绩。“恩赐四世坊”制作精美，十分壮观，在街东头屹立了300多年。这座刻着“圣旨”两字的高大石坊，于民国十八年（1929年）拓宽道路而被拆除，遗址无存。

这至少说明，十笏园故地，在明代就是科举簪缨之家，钟鸣鼎食之地。明清易代，潍县城如故，好地段仍是好地段，进身之阶未变；书中自有“黄金屋”，“黄金屋”居于何地，当然上风上水之地；哪是卜居之地，自然物以类聚，人以群分。

潍县城黄金地，见惯了钟鸣鼎食，十笏园出身自是不凡，带着与生俱来的诗书气。

2. 故园几变至丁家

十笏园建于明代，原是明嘉靖年间刑部郎中胡邦佐的故宅。胡邦佐在《潍县志》有记：胡邦佐，嘉靖戊子举于乡，初任太原推官，至刑部郎中，情操特著。清代陈兆鸾（清顺治年间任彰德知府）、郭熊飞（清道光年间任直隶布政吏）曾先后在此住过，后被潍县首富丁善宝以重金购得，于清光绪十一年（1885年）改建为私人花园。

陈兆鸾是潍县陈氏家族清初第一个考上进士的，他于顺治三年中举，顺治六年中进士，曾任河南彰德知府（今天的汤阴、安阳地区）。

郭熊飞，字次虎，潍县人，进士，道光年间累官至任直隶布政吏。

十笏园建立之初，其故地已经几易其主。而起始的胡家，继之的陈家、郭家都曾是潍县历史上赫赫有名的世家大族。他们有一个共同特点，就是以科举起家，以官致富，富贵还乡，衣锦度日，最后人才凋零，家世渐衰，崽卖爷田，沦为庶民，这也是科举以来中国社会阶层流动的写照。中国中古社会就是在这种循环中延续。如果说死水微澜的话，那就是他的社会流动是畅通的。“旧时王谢堂前燕，飞入寻常百姓家”。声势煊赫的世家大族转瞬间烟消云散，你体味的可能是造化的弄人，但这种沉痛却是一个社会公平的开端。

十笏园的名字与她的主人紧密联系在一起，那就是丁善宝，几百年丁家承上启下的人物。十笏园融入了丁善宝的生平阅历，从一定程度上来说，她是丁善宝人格的外化，虽建成即睽违，但其人格已融入了十笏园的血脉。

3. 园林与家国兴衰

潍县园林的盛衰，有其深厚的社会根源，凝聚着历史发展演变的轨迹。放在中国园林发展史的大背景来看，其盛有同源，其衰有共因；但从古潍县地理位置、经济发展和近现代史变迁来看，其盛衰又有其个性因素。

明清以来，随着潍县科举文化的昌盛和封建经济的繁荣，名官显宦、士绅望族争相构建私家园林。但正如美轮美奂的圆明园如今只剩断壁残垣一样，潍县园林之盛已成过眼云烟。追寻潍县园林的盛衰史，亦是对传统文化和人文观念的一种追思。

园林是文化的产物，而王朝更替，岁月变迁不绝文化主脉。园林建筑作为传统文化的一部分，其盛衰亦在封建王朝“其兴也勃，其亡也忽”的循环怪圈中回荡。因而山水园林时兴时废，旋废旋兴，千年以降，不绝如缕，直至中华人民共和国成立。抚今追昔，一部园林的盛衰史，亦是中国近代社会的缩影，国犹如此，园何以堪。神州大地，概莫能外，潍县一地，具体而微者也。

政治形势对园林命运的影响——成也政治，败也政治

中国古代文化本质上是一种政治文化，人亡政息，人亡园

亦败。如何处理与政权的关系，也是家族延续的关键，尤其是在晚清、民国的社会动荡中。中国古代社会士、农、工、商四民分治，农为本，工、商为末，但科举以来，读书成士，却是农、工、商三个阶层共同的追求，万般皆下品，唯有读书高；书中自有黄金屋，书中自有颜如玉，书中自有千锺粟。十年寒窗无人问，一举成名天下知。诱惑太大了，成就了几多寒门学子，光耀门楣；却也有多少人皓首穷经，一无所获；即使这一代科举起家，如果后代没有读书种子，那么家族也很快就泯然众人。曾国藩曾说过："凡天下官宦之家，多只一代享用便尽，其子孙始而骄佚，继而流荡，终而沟壑，能延庆一二代者鲜矣。"皮之不存，毛将焉附？三公就第谁同寿，园林兴替亦平常。十笏园正是因为1948年后先后作为政府机关驻地而得以保存。

财富流转与园林盛衰——从社会结构看园林命运

土地是农业社会各阶层的命根，千百年来围绕土地的归属，上演了一幕幕悲喜剧，历代王朝的更替，民间家族的兴衰，莫不与此有关，那是中国传统文化的重要组成部分。"所谓中国的传统文化，我们现在记忆中国的或是生活中遇到的，其实不是真正古代的传统，而是宋代的传统。家族、伦理、道德等历史和常识，往往都是宋代给我们留下的。宋代对于现代中国的影响非常大，当时国家一直在非常强烈地推行文明，'一道德，同风俗'，而且国家通过政治权利推行文明还得到了士大夫和乡绅的认可。皇权统治国家，而乡绅则构建社会，乡绅社会与国家在对文明的推进方面，在宋代表现得非常一致，而且行之有效"。自从宋代实行"不抑兼并"政策以来，以末致财，以本守之，"千年田，八百主"成为土地流转的常态。宋代仁宗天圣时的大臣说"父子相承，以为己业，乞罢估卖"；神宗熙宁时的大臣说"子孙相承，租佃岁久，乞不许卖”。可见宋以后土地流转的常态。富不过三代，这是中国的老话，也是实情。位于昌潍平原的潍县，在明清时代手工业有很大发展，商业贸易繁荣，郑板桥有诗云：“三更灯火不曾收，玉脍金齑满市楼；云外清歌花外笛，潍州原是小苏州。”这正是当时社会境况的写照。由于潍县处于南方和北方的交界地，这里的商人、文人既可南下苏杭，也可北上京都，故园林建筑兼具南方和北方两种风格。两处的优点长处，在十笏园中表现得淋漓尽致。这也是潍县园林兴盛的地理优势与经济基础。

致富难，守财更难，痴心父母古来多，不孝儿孙争登场，正如丁善宝《十笏园记》中所言：“今于后人约：毋得借此会匪朋，毋得借此演杂剧，毋得借此招纳倡优、赌博，滋生事端，使泉石笑人。”但板桥先生却说：博进已赊三十万，高楼犹抱美人眠。园林是文化的产物，后世子孙如不学无术，定不爱此；又为经济所累，园林流转毁弃，可以想见；且中国古代社会分家析产频仍，也不利于园林的完整保存。

千年局变与审美转化——西学东渐下的古典园林走向

中国古人对于山水的喜好由来已久，从真山真水到人工山水，是中国士大夫阶层独特心理的反映。“中国人一方面极重自然，但另一方面又极重实用，中国人的人生理想是要把实用和自然调和起来，融成一片。……在建筑方面满足此要求的就是园亭建筑……是要把他的日常起居和他诗画的境界乃至全部哲理熔凝一致的”。山水园林之好可溯源于魏晋南北朝时期，至唐宋之际，中国思想转型，儒、释、道三教交汇互融，士大夫阶层出入于儒、释、道之间，体现在生活方式上，是山水之好大行。富商大贾富而造园，达官贵人退而憩游林下，其实功用是一样的：寻找一块修心之地。这也正是中国园林的特点：“大中见小，小中见大，虚中有实，实中有虚，或藏或露，或浅或深，不仅在周回曲折四字也。”山水林泉、诗文书画皆为静心的良药。丁善宝在其《十笏园记》中说自己中年多病，筑园以为养静之所。正如明人计成在《园冶》中所说：“轩楹高爽，窗户邻虚，纳千顷之汪洋，收四时之烂漫。”儒家事功，佛家治心，遍游园中，儒家的训教、佛家的故事随处可见，似乎没有道家的影子；其实，道家“养性”以葆青春，获得生命的延续，这看不见的追求，正隐藏在人的心灵深处，是无处不在的。可以说，山水园林是士大夫阶层精神的寄托，亦与其相始终。

鸦片战争以来，国门洞开，时尚亦随之变化。正如葛兆光所论：现在，一般人都会同意当年张之洞的一个说法，自从19世纪近代西洋文明进入中国，使中国经历了一次“两千未有之大变局”，中国似乎与传统有了“断裂”。西人造园与中国迥异，国人务虚，西人尚实。动乱的环境容不下一片园林的雅静，且精英人士，争尚洋务，上既不好，下亦随之，园林之好已失现实的土壤。“社会形势的变化不再允许那种能满足特权阶级生活要求的大庭院存在，而适于平民阶层家庭生活的具有实用功能的庭院继之而起”。中国近现代社会百年来改天换地的巨变，必然会使以封建士大夫为主导的园林建筑，在社会动荡、思想演变中，逐渐冷落、颓废，以至销声匿迹，退出当时人们关注的视野。“中国的好几个朝代，都有‘中性’一事。大概朝代初年的军制和财政税收，到中期已失时效，中兴需要一番挣扎，一般新的安排或是改组，或是局部的修正，都要通过社会的中层［中国作家强调‘士大夫’，外国作家则指名为‘绅士阶级’（gentryclass）］才能透入到基层结构的民间里去，这时候不是朝廷的一纸通令可以达到目的，也不是全靠军事行动所能生效，民间对朝代的信心，常有左右全局的可能”。乡绅阶层既已不存在，吟诗弄月的闲适也为光怪陆离的现代生活所取代，园林的维护亦难，其衰败也在所难免。

土地所有制变更与园林的存废——公有制下土地再分配对园林的影响

1948年以后，废除封建土地所有制，扫除封建文化，作为依附于二者的私家园林，亦在此属，若无特殊因由，往往难得一保。人口激增，何处可得闲土；分割田地，园林复成耕田。且工业社会以快节奏著称，悠然林下，视为懒散奢靡之举。改革开放以来，人们反思历史，观念有所改变，形势回暖，对园林等物质文化遗产的保护，逐步提到了应有的高度，逐渐成为全民的共识，这是国家之幸，历史文化之幸，人文进步之幸！这也是仅存的十笏园硕果得以延续的时代际遇。

二　性耽风雅——移天缩地在君怀

1. 强爷胜祖有施为

丁善宝，字黼臣，号六斋，齐祖克成，父廷珍，皆以善行敕建“乐善好施”坊。咸丰壬子，善宝输巨款以助军饷，恩赏举人，授内阁中书（内阁中书，清代官名，掌撰拟、记载、翻译、缮写。或由举人考授，或由特赐。官阶为从七品，清代在进士参加朝考以后，除择优任翰林院庶吉士者外，较次者部分用为内阁中书，经过一定的年限，可外补同知或直隶州知州，或保送充任军机处章京，一般很受重视）。通藉后仍不废学，尝患士子业贴括者多偭越规矩，手订先正文十二种梓以式多士。酷好吟咏，春秋暇日辄折简招王二尹绩熙、柯大臣劭忞、宋京卿书升、刘孝廉抡升、张上舍昭潜诸君子于十笏园中觞咏流连以为乐。诗宗阮亭，雅擅风韵。或劝之仕，不答。家本素丰，承先志勇于为善。尝创修先祠，费至逾万金；又与诸弟议置祭田九百余亩，禀官存案，使子世守之。光绪丙子，岁大饥，出粟煮粥活万余家。邑有建置，辄为倡首。邑中文武各童入儒学时，每因贽礼棚规负债遗累，思有以庇寒士，临殁，遗嘱其子，储巨赀发商店生息，每科岁试，以息钱为诸生贽礼费，禀官存案，永永遵守。子毓庚行之，士林皆感德不忘。殁年四十七。民国十年入乡贤祠，乡谥“端敏”。

《山东藏书家史略》：喜藏书，架上所蓄前人诗集尤富，各有点定，尤喜王新城渔洋所选《唐贤三昧集》，丹黄殆遍。

丁善宝在《潍县志稿》中单独有传，字句古雅，不敢置喙，读者细度慢思之。关于园林兴造，计成《园冶》有“兴造论”专述：

> 世之兴造，专主鸠匠，独不闻三分匠、七分主人之谚乎？非主人也，能主之人也。古公输巧，陆云精艺，其人岂执斧斤者哉？若匠惟雕镂是巧，排架是精，一梁一柱，定不可移，俗以“无窍之人”呼之，其确也。故凡造作，必先相地立基，然后定其间进，量其广狭，随曲合方，是在主者，能妙于得体合宜，未可拘牵。假如基地偏缺，邻嵌何必欲求其齐，其屋架何必拘三、五间，为进多少？半间一广，自然雅称，斯所谓“主人之七分”也。第园筑之主，犹须什九，而用匠什一，何也？
>
> 园林巧于“因”、“借”，精在“体”、“宜”，愈非匠作可为，亦非主人所能自主者，须求得人，当要节用。“因”者：随基势之高下，体形之端正，碍木删桠，泉流石注，互相借资；宜亭斯亭，宜榭斯榭，不妨偏径，顿置婉转，斯谓“精而合宜”者也。“借”者：园虽别内外，得景则无拘远近，晴峦耸秀，绀宇凌空，极目所至，俗则屏之，嘉则收之，不分町疃，尽为烟景，斯所谓“巧而得体”者也。体、宜、因、借，匪得其人，兼之惜费，则前工并弃，既

有后起之输、云，何传于世？予亦恐浸失其源，聊绘式于后，为好事者公焉。

一在主人，二在因借，十笏园兼善矣。

2. 踏遍青山人未老

《山东藏书家史略》：自辛巳（1881 年）岁，越清淮，浮大江，遍览西湖岁月。既归，则又赴东武，登五莲，望海上诸山，游超然台，吊东城古迹。论者谓其诗之佳，兼有得江山之助。

计成有言，园林看主人，京城阅历，大江南北的游历，为十笏园的建造准备了丰厚的积淀。比如四照亭的由来：

杭州西湖孤山巅上的四照阁为望湖胜处，八方迎风，相传宋代就有此阁，现在所看到的四照阁是清代李卫所建，改称四照亭。清雍正帝题“云峰四照”四字作为亭匾。

古人吟咏犹存，如宋僧道潜七律《四照阁怀少游学士》：

猿鸟投林已寂然，芭蕉过雨小楼前。
云移绝壁中间破，月自遥峰缺处圆。
照坐不须红炬蜡，可人惟有蕙炉烟。
校雠御府图书客，畴昔还同此夜禅。

原来四照阁上有对联道：

四面有山皆入画，一年无日不看花。
清代厉鹗的《早春登孤山四照亭》：
涩磴盘回竹尾斜，东风先入梵王家。
吟筇更上梅多处，四照山光四照花。

为官京城的宦游，增长了见识；大江南北的壮游，开阔了眼界。十笏园中景点就是丁善宝游历的结晶。“造园看主人，非园主之谓也，能主之人也”，丁善宝足矣当之。

3. 悠然林下寻静所

丁善宝生长于地方豪富之家，按照现代说法，那就是含着金汤匙出生的，自小过着予求予取的生活，要财富有财富，要功名有功名，但从其传来看，对官场兴趣不大，对山水名胜兴趣满怀。

但寄情山水难掩内心的失落，其在自撰的《十笏园记》中说：“以中年多病，治此为养静之区，非奢逞台榭之观美，以贻后人之逸乐者。”具体何病无从考证，但坐拥千金，却时日无多，心情可想而知。尤其“余年逾十七闰尚无子，此后之有子无子未可知，亦无所谓计不计”，心中难免不安。古人讲究：不孝有三，无后为大，况是大户人家，有头有脸之辈如丁氏者，虽有五女，难抵一子，现在看来可笑，但在当时却是天大的事，为何？死后难见列祖列宗于地下。

“不孝有三，无后为大”出自《孟子·离娄上》，原文是：“不孝有三，无后为大，舜不告而娶，为无后也，君子以为犹告也。”《十三经注疏》中在“无后为大”下面有注云：“于礼有不孝者三，事谓阿意曲从，陷亲不义，一不孝也；家贫亲老，不为禄仕，二不孝也；不娶无子，绝先祖祀，三不孝也。三者之中无后为大。”

古代中国是个宗法社会，讲究忠孝传家，家族延续，随着理学固化，陋儒杀人，“无后为大”成为中国人身上的魔咒，延续了一幕幕人间闹剧，连丁善宝亦未能免俗。

为了不断后，就得过继，把宗族中其他家的孩子过继到他家作为子嗣；如果本族没有，就到外族过继。目的就是保证他家不断后。所以，中国的家族沿绵几十世，这个血脉链上，有多少次的过继，已经很少有人知道。而且，越是体面的家族，越是在乎有后，所以过继产生的概率也越大，丁家过继即是如此。丁善宝过继其弟善庆长子丁毓庚为嗣，丁善长过继丁毓庚三子丁锡纶为“承重孙”。礼法束人，一致如斯。虽时代发展至今，“无后为大”仍在很多中国人心头缠绕，演绎了一幕幕人间悲喜剧。

4. 不惜千金买旧宅

通行的说法，丁善宝不惜重金购得旧宅。而丁氏在其《十笏园记》中却说：“余得郭氏废园于舍西，实前明胡四节先生之故居也。前有厅事，后有复室，俱颓败不可收拾”，一处破败旧宅何须重金？十笏园故地，历来是潍县官宦人家安居之地，具有不可比拟的地段优势，所以重金购得，亦可以理解。

《晏子春秋》：“君子居必择邻，游必就士，择居所以求士，求士所以辟患也。婴闻汩常移质，习俗移性，不可不慎也。”

李嘉诚对房地产投资有句名言：地段，地段，还是地段，套用现在通俗说法就是讲究“附加值”。

中国古代城市发展与西方迥异，由政治中心而形成城市，而政府机构所在地则成为城市的中心地带，簪缨之族、富商大贾往往在此聚集，形成城市的中心地带。潍县故城虽说是龟蛇相依、一水夹两城的格局，但东、西城地位悬殊，西城是主城，县衙所在地，大族聚族而居，所谓丁、郭、陈、张“四大家族”环而为之，黄金地段的重要性不言而喻，好比老北京二环以里，寸土寸金不为过。

永远的“烟柳繁华地，温柔富贵乡”，变的只是主人。

这也就是丁善宝何以不惜千金买旧宅了。那真是：

科举起簪缨，巨贾赋比兴。
偶失龙头望，旋即泯众生。
崽卖爷田频，视比走马灯。
难与丁家比，小园寄家风。

按计成《园冶》，十笏园故地属于宅旁地。对于宅旁地，计成亦有专论：

宅傍与后有隙地可葺园，不第便于乐闲，斯谓护宅之佳境也。开池浚壑，理石挑山，设门有待来宾，留径可通尔室。竹修林茂，柳暗花明。五亩何拘，且效温公之独乐；四时不谢，宜偕小玉以同游。日竟花朝，宵分月夕。家庭侍酒，须开锦幛之藏；客集征诗，量罚金谷之数。多方题咏，薄有洞天。常余半榻琴书，不尽数竿烟雨。涧户若为止静，家山何必求深。宅遗谢朓之高风，岭划孙登之长啸。探梅虚蹇，煮雪当姬。轻身尚寄玄黄，具眼胡分青白。固作千年事，宁知百岁人。足矣乐闲，悠然护宅。

入则园林，出则居家，十笏园可谓得天独厚。

5. 丁家小园初长成

丁善宝《十笏园记》曰：

光绪乙酉孟秋，余得郭氏废宅于舍西，实前明胡四节先生之故居也。前有厅事，后有复室，俱颓败不可收拾。中有楼三楹，独屹立无恙。爰葺而新之，题曰砚香楼，为藏书之所。素有濂溪之好，因汰其废厅为池，置亭其上，曰四照、曰漪澜、曰小沧浪、曰稳如舟。更筑小西楼，题曰春雨楼。下绕以回廊，架平桥通其曲折。老友蒯君菊畦、刘君子秀、于君敬斋实代为筹画而布置焉。姻家刘雁臣又赠以旧石，于池之东叠而为山，立蔚秀亭于最高处。西望程符孤山之秀，扑人眉宇。山迤南为十笏草堂，前有隙地，杂莳花竹。西院有老屋八九间，中为深柳读书堂，作家塾。旁曰秋声馆，曰静如山房，为留客下榻处。园之东古梧百尺，绿荫满庭，即余家居坐卧之碧云斋也。八阅月而规模具焉。以其小而易就也，署其名曰十笏园，亦以其小而名之也。

十笏园建成后，其造园艺术为潍县园林之冠，来往有鸿儒，观者如堵，都以游斯园为幸，成为鲁东文人雅集之所，以此为中心形成鲁东文化圈，影响一时。值民国风云际会，名流政要、日伪政权也在山水间留下踪迹，俨然一时的政治中心。1948 年后一度作为政府机关所在地，也使园林逃脱“小苏州”众多园林姊妹的命运。

衔山抱水建来精，
多少工夫筑始成。
天上人间诸景备，
芳园应锡十笏园。

6. 园林潇洒可终身

拖着病体，带着遗憾，满打满算，丁善宝徜徉山水的时间不到一年。

老友旧朋，诗酒流连，吟诗作赋，却难以留住时间的脚步。

丁善宝有限的十笏园时光是一种怎样的心境，已不可考，但东海西海，今人古人，无问西东，古今一脉，心境有时是相通的。

南宋陆游《鹧鸪天·家住苍烟落照间》似是这种心境写照：

家住苍烟落照间，丝毫尘事不相关。
斟残玉瀣行穿竹，卷罢黄庭卧看山。
贪啸傲，任衰残，不妨随处一开颜。
元知造物心肠别，老却英雄似等闲！

还没有来得及好好享受山水园林之乐，丁善宝即驾鹤仙游，感慨系之：

夫人之相与，俯仰一世。或取诸怀抱，悟言一室之内；或因寄所托，放浪形骸之外。虽趣舍万殊，静躁不同，当其欣于所遇，暂得于己，快然自足，不知老之将至；及其所之既倦，情随事迁，感慨系之矣。向之所欣，俯仰之间，已为陈迹，犹不能不以之兴怀，况修短随化，终期于尽！古人云："死生亦大矣。"岂不痛哉！

丁善宝不慕荣利，寄情山水，有魏晋之风。魏晋风流，多人生感慨，特借王羲之《兰亭集序》片段抒之。

三　因缘际会——独流芳园向新生

旧社会园林，在新社会何去何从？

摧枯拉朽的解放战争荡涤着旧社会的一切，作为官僚老爷们享乐的园林也在清除之列，这是人民政权的分内职责，我们要建立一个平等的新世界，不破不立，必须要打烂一个旧世界。于是乎，多少美轮美奂的园林改变了用途，"不见五陵豪杰墓，无花无酒锄作田"。

政权新建，庶事草创，旧社会保留下来的兼具游乐、住宿功能的城市山林，成为政府机关的首选之地，也正因为这样，本应被革命的旧社会象征，被新社会弃瑕录用，而得以保存。

1948 年以后，新政权建立，成立潍坊特别市（县级），政府所在地就是十笏园，关侯庙孔融祠成为机关食堂，一并保留下来。在园林山水的见证下，人民政权社会稳定，经济发展。

随着行政机关升格，作为政府驻地的使命逐渐完成，十笏园相继成为潍坊市文物保护单位、山东省文物保护单位、全国重点文物保护单位，园林也经历了从潍坊市博物馆驻地到潍坊十笏园博物馆驻地的变迁。

虽历经沧桑，十笏园是幸运的。政府机关虽曾开墙破洞，栽松插柳，但园林整体风貌仍在。

成为文博驻地后，按照修旧如旧的维修原则，鲁东明珠光彩依旧，这从园林大家陈从周 20 世纪 80 年代游园后的赋诗可以看出：

老去江湖兴未阑，
园林佳处说般般。
亭台虽小情无限，
别有缠绵水石间。

苏轼有诗云：

嗟此本何常，
聚散实循环。
人失亦人得，
要不出区寰。

丘壑在胸中，看叠石疏泉，有天然画意；
园林甲潍县，愿携琴载酒，作人外清游。——题记

第三章　十笏丹青——入园疑在画中游

漫天飞舞的风筝，曾为潍坊赢得风筝都的美名，那是季节的潍坊；游人携带的木板年画也使杨家埠走向全国，走向世界，那是流动的潍坊；那么什么是游人带不走、却依然魂牵梦萦的潍坊？

寻踪“小苏州”

十笏园，鲁东明珠——十笏园，唯有十笏园；她是潍坊古老文化的载体，潍坊百年沧桑的见证，潍坊人的骄傲；“绿竹入幽径，青萝拂行衣”；“草色新雨中，松声晚窗里”；“终罢斯结庐，慕陶直可庶”。她是静的潍坊，静得让人心动，静得让人怜惜。

来到潍坊，不能不游十笏园，就像到苏州不能不游拙政园一样。这样说可能有些武断，“真源了无取，妄迹世所逐”，如果你只是休闲娱乐，自有好的去处，但如果你想游览之余有所收获，而不是“春风得意马蹄疾，一日看尽长安花”，那么，还是随我一游十笏园吧。

解“笏”

笏，又称手板、玉板或朝板，是古代臣下上殿面君时的工具。古时候文武大臣朝见君王时，双手执笏以记录君命或旨意，亦可以将要对君王上奏的话记在笏板上，以防止遗忘。唐代武德四年以后，五品官以上执象牙笏，六品以下官员执竹木做的笏。明代规定五品以上的官员执象牙笏，五品以下不执笏；从清朝开始，笏板就废弃不用了。

“十笏”说

“十笏”一词，来自唐人所著《法苑珠林》，在此书的《感通篇》中说，印度吠舍哩国有维摩居士故宅基，唐显庆中王玄策出使西域，过其地，以笏量宅基，只有十笏，故号方丈之室。宋代王洋《辟方丈地供香火》有“十笏比邱居有限”的诗句，后人即以“十笏”来形容小面积的建筑物。正如园主丁善宝在其自撰的《十笏园记》中所说：“以其小而易就也，署其名曰十笏园，亦以其小而名之也。”

北京曾有十笏园

乾隆时和珅淑春园在文献记载中，也叫作十笏园。淑春园建造得富丽堂皇、花团锦簇，成为当时冠绝京城的私人园林。不仅如此，和珅还仿照圆明园和颐和园来营建自己的园林。后人斌良在《游故相园感题》一诗中，有两句说：“缤纷珂繖驰中禁，壮丽楼台拟上林”，诗中注曰：园中楼阁均是仿圆明园内规模建造的。即今北京大学未名湖石舫和湖中小岛淑春园遗迹。

名家说园

造园要素：一为花木池鱼；二为屋宇；三为叠石。花木池鱼，自然者也。屋宇，人为者也。一属活动，一有规律。调剂于二者之间，则为叠石。“盖为园有三境界，评定其难易高下，亦以此次第焉。第一，疏密得宜；其次，曲折尽致；第三，眼前有景。”——童寯

十笏园概说

在仅有的二千多平方米的地面上，共有大小建筑物34处，共计房屋67间。园内布局严谨、疏密有致，有假山、池塘、曲桥、回廊、亭榭、书斋、客房等巧妙地结合在一起，紧凑而不拥挤。置身园中，如游画中。清末诗人白永修当年游十笏园曾赞道：

赤兰桥畔水亭西，亭下微风扬钓丝。
荷叶染衣花照眼，令人错认铁公祠。

园内主体建筑名曰“砚香楼”，为明代建筑，原为藏书之所。与“砚香楼”隔水南北相对的是“十笏草堂”，中间夹一“四照亭”，形成一条中轴线，从南到北将“十笏草堂”、“四照亭”、“砚香楼”贯穿起来。院中挖池叠石于东侧堆成假山，上建可览园景全貌的“蔚秀亭”。为了衬托主体建筑，又于“砚香楼”西侧筑一重檐圆窗的“春雨楼”，古色古香，庄重典雅。下绕回廊通其曲折，廊内园主特意精选刻制了清代“扬州八怪”之一的郑板桥的四块碑石嵌于其壁。回廊与东侧山亭一高一低，遥相呼应，高雅端庄，秀丽别致。于对称中求其错落之变，实为绝妙至极。

漫步穿过回廊曲桥，入池心“四照亭”，倚栏环视，可见楼台廊亭，桥曲朱栏，通幽多变，碧池掩映，鸢飞鱼跃之诱人景致，实谓“寄怀鱼鸟欲忘形”。池东北又有船形建筑“稳如舟”。这座小亭远看恰似游艇泊岸，起锚解缆。这些优美建筑座座都有南国风味。有“久在樊笼里，复得返自然”之感。无怪乎世人把十笏园称之为南北园林建筑艺术的典型结合。

园林建筑要求有玩赏实用与审美享受内容，是以北宋郭熙提出的山水画的“可行、可望、可游、可居”为品评标准。

按照丁善宝《十笏园记》顺序，让我们来看十笏园美景吧。

世间无限丹青手，十笏美景画不成。

晓色春开，春随人意，游园当及时。

一　明清一脉砚香楼

一杯沧海波摇月，万叠青山翠入楼

——王绩熙

砚香楼

“砚香”说

砚香楼是原园主人藏书和读书之所，其名借唐诗人李贺《杨生青花紫石砚歌》中“纱帷昼暖墨花春，轻沤漂沫松麝重”之句，因主人藏书弄墨如此，故名“砚香”，由曹鸿勋手书。

园中老资格

砚香楼系明代建筑，楼前有月台，凭栏俯视，园中山水亭榭尽收眼底，迄今已有四百多年历史。

建筑特色

其结构为二层，两开间五檩，硬山顶；楼前有月台，圆窗方台，古色古香；楼上门窗外有前廊，设栏杆护之，砚香楼的勾栏，代替半墙以利通风。

《园冶》中对于“楼”是这样说的：

> 《说文》云：重屋曰“楼”。《尔雅》云：陕而修曲为“楼”。言窗牖虚开，诸孔慺慺然也。造式，如堂高一层者是也。

闲寻诗册亲鱼鸟

近水楼台先得月，临流泉石最宜秋。站在楼上向前望去，“崖壁假山，飞瀑流泉，藕塘蓬蒲，莲叶田田”，十笏园全貌尽收眼底。春夜于此，是否会“春色恼人眠不得，月移花影上栏杆”？中外书画家经常聚会于此进行交流，“观山观水观花影，听雨听风听谷音”。正如诗云：欲醉春雨楼，砚香十笏堂；桥通四照亭，漪岚小沧浪。想当年原主人于此赏景之余，想此楼的人事变换，可能也会“高楼当此夜，叹息应未闲”。

主体建筑不做厅堂，而作书斋，全无富贵宅邸的气氛，难能可贵。在此“闲寻诗册应多味，得意鱼鸟来相亲”，清逸多妙趣，心怡多生情。

园林待客酒与茶

自魏晋南北朝以来，茶与酒成为文人清谈的助兴之物。佛教传入中国以后，戒酒乃僧家例律，而饮茶不但可以代酒，而且可以抵制坐禅的睡魔，使头脑沉静、清晰。由于茶有如此功效，饮茶在禅僧、文人的生活中成为一种普遍的清雅嗜好，并成为园林禅居生活的一个极具特色的部分。文人则以品茶清心涤虑，并以之作为迎朋待客的方式：

饮酒品茶，居高揽下：

> 高楼明月夜，吟咏正当时。
> 美景共欣赏，奇文相与析。

二　无限鸢鱼飞跃意

海阔凭鱼跃，天高任鸟飞

鸢飞鱼跃

大唐气势

四照亭北面花墙的八角门上有“鸢飞鱼跃”四个大字，取意于《诗经》“鸢飞在戾，鱼跃于渊”，其字飞动婉转，气贯长虹，原为唐代韩愈被贬为山阳县令时所书的自勉之作，表现出那种“海阔凭鱼跃，天高任鸟飞”的凌云壮志，“心地上无风涛，随在皆青山绿水；性天中有化育，触处见鱼跃鸢飞”。

足以乱真

此石刻为清代书画家翟云升（道光进士）临摹，惟妙惟肖。翟云升（1776～1858年），字舜堂，号文泉，掖县城东南隅人。道光二年（1822年）进士，清代著名古文字学家和书法家。翟云升一生酷爱书法，尤工隶书，远近闻名，当时山东的丰碑墓碣不少出自其手，“丐书者日踵其门”。他的隶书不仅当时享有盛名，对后世影响也很大。

翟云升钟情于书墨之间，过着与世无争的隐居生活。他在老家城南买了几亩地，“门前溪水萦抱，有古木千章，杂花数百种”，每日穿布袍、草鞋坐卧其间，负读五经无少闲。自己的书斋也取名“五经岁遍斋”。

瘦、漏、透、皱石之韵

伟石迎人，别有一壶天地。

墙垣有乾坤

对于墙垣，《园冶》亦有分类：

凡园之围墙，多于版筑，或于石砌，或编篱棘。夫编篱斯胜花屏，似多野致，深得山林趣味。如内花端、水次，夹径、环山之垣，或宜石宜砖，宜漏宜磨，各有所制。从雅遵时，令人欣赏，园林之佳境也。历来墙垣，凭匠作雕琢花鸟仙兽，以为巧制，不第林园之不佳，而宅堂前之何可也。雀巢可憎，积草如萝，祛之不尽，扣之则废，无可奈何者。市俗村愚之所为也，高明而慎之。世人兴造，因基之偏侧，任而造之。何不以墙取头阔头狭就屋之端正，斯匠主之莫知也。

漏砖墙

凡有观眺处筑斯，似避外隐内之义。

漏砖墙图样有菱花漏墙式、绦环式、竹节式、人字式等等。

漏砖墙，凡计一十六式，惟取其坚固。如栏杆式中亦有可摘砌者。意不能尽，犹恐重式，宜用磨砌者佳。

绘图非吾所擅，强自为之，徒为看官所笑。取其大概，知其然也。

三　莲池荷擎竞放葩

黄昏别有销魂地，摇曳芳姿水面风

风乍起，吹皱一池春水

——五代冯延巳的《谒金门·风乍起》

叶上初阳干宿雨，水面清圆

——宋周邦彦《苏幕遮·燎沉香》

莲池

得水园活

北方造园，因条件所限，少有活水可用，欲建园，首先挖池引水，然后才能次第展开。

丁善宝购得废园后，“素有濂溪之好，因汰其废厅为池”，园林有水而活，池水得宜，则园林成者半。因为园林建筑因水而建，叠山也在水迹，也要考虑于园林主要建筑物的距离。砚香楼体量巨大，水池太近，容易有压迫感，池塘处置是十笏园的关键。

古今同爱莲

周敦颐，别号濂溪，《爱莲说》风行一时，后世君子，家中池中栽满荷花，濂溪之好也，用以自况，高洁自比，“予独爱莲之出淤泥而不染”，“好向濂溪称净植，莫随残叶随寒塘”。

浅深红白宜相间，先后仍须次第栽。

我欲四时携酒去，莫教一日不花开。

四　四照亭内听涛音

清风明月本无价，近水远山皆有情

四照亭

说“榭”

砚香楼南面有一池，池中有亭，亭檐下有清末状元曹鸿勋题“四照亭”匾。名为四照亭，其实为榭。

《园冶》纪曰：“《释名》云：榭者，藉也。藉景而成者也。或水边，或花畔，制亦随态。”

“四照亭”取其四面阳光普照之义。其来源前文已述，此不赘。

结构

亭较大，方形，为六檩卷棚式歇山顶，四周有坐凳栏杆。木制栏杆是一种装饰性的拦护结构，鹅颈栏（背靠栏杆，或称美人靠）。鹅颈栏多用形似鹅颈的竖棂，所以又有“鹅颈椅”之称，便于倚靠坐憩，用于较长时间逗留的园林建筑。

亭蕴文

该亭水环四面，荷风水月，颇饶诗意，西有曲桥同回廊相连。亭外悬有“涛音”，是清代书法家桂馥手迹。

桂馥，清代杰出学者、著名的文字学家、书法家、篆刻家。擅金石考据，篆刻、书法雅负盛名。尤擅隶书，隶书工稳淳朴，厚重古拙，整严润健。《艺舟双楫》评其为“分书佳品上”。桂馥少承家学，博览典籍，特别精于金石六书之学。曾任长山训导，与周永年共同“买田筑借书园”，藏书万卷。他们在济南五龙潭畔修建了潭西精舍，桂馥撰《潭西精舍记》一文，刻石立于潭旁，今仍存。

“一声已动物皆静，四座无言星欲稀”。亭柱上对联为“清风明月本无价，近水远山皆有情”，上联出自欧阳修的诗《沧浪亭》：清风明月本无价，可惜只卖四万钱；下联出自苏舜钦的诗《过苏州》：绿杨白鹭俱自得，近水远山皆有情。清嘉庆年间，江苏巡抚、楹联大师梁章钜在修复沧浪亭时集成此妙联。诗亭前悬掖县刘重庆题对联“望云惭高鸟，临水愧游鱼”。

刘重庆（1579～1632年），字幼孙，号耳枝，掖县人。明末著名书法家，官至户部右侍郎。刘重庆传世题联极少，潍县十笏园能有此题联的确非常珍贵。

亭内遐思

顺回廊曲桥步入，四面环视，荷花满池，景色宜人。亭内石桌凳，是当年园主举觞流连咏诗之处，“花看半开，酒饮微醉，此中大有佳趣”。“理会是非遣，性达形迹忘”。“意随无事适，风逐自然清”。四面桥栏可坐，“一品茶，五色瓜，四季花”，可观赏池水荷花和假山全景。

雨惊诗梦来竹叶，风载书声出藕花，这是对园林意境最好的描摹。夏日，荷花满池，虽没有《西洲曲》中“采莲南塘秋，莲花过人头。低头弄莲子，莲子清如水”的意境，却也足以畅叙幽情。“风恬浪静中，见人生之真谛；味淡声稀处，识心体之本然”。

亭榭建造谨记

古人认为，亭榭不蔽风雨，故不可用佳器，俗者又不可耐，须得旧漆、方面、粗足、古朴自然者，置之。露座，宜湖石平矮者，散置四旁，其石墩、瓦墩之属，俱置不用，尤不可用朱架架官砖于上。榜联须板刻，庶不致风雨摧残，若堂柱馆阁，则名笺重金，次朱砂皆可。

遥想当年

夏日月夜，荷花满堂，高朋满座，如曹鸿勋题联：

金樽酒满月初上，红藕花香客正来。

五　波光潋滟漪岚亭

花枝动素影，秋水漾文漪

漪岚亭

释名

荷池东南假山角下，有一六角攒尖顶小亭建筑，名曰“漪岚亭”。池水的波纹即“漪”，山中之云气即“岚”，故名。宋代名臣富弼的园亭就曾用此名。

释亭

《园冶》释亭：“《释名》云：‘亭者，停也。人所停集也。’司空图有休休亭，本此义。造式无定，自三角、四角、五角、梅花、六角、横圭、八角至十字，随意合宜则制，惟地图可略式也。”

亭与园

此亭小巧别致，坐于池槛，平视喷泉，银珠万点，边起边落；

俯视游鱼，飘忽不定；仰视，漪岚亭与山上的蔚秀亭相呼应。

俯水枕石游鱼出听；临流枕石化蝶忘机

只是荷池太小，“可惜不当湖水面”，难以“银山堆里看青山”。倚亭听水，是否与东坡有同感：“水波潋滟晴方好，山色空蒙雨亦奇。欲把西湖比西子，淡妆浓抹总相宜。”

六 小沧浪内好风光

一迳抱幽山，居然城市间

小沧浪亭

漪岚亭正西，岸上有一茅亭名“小沧浪”，是一座四角攒尖顶、覆以茅草之亭，其四柱为原始松木建筑，愈见其淡雅古朴，富有野趣。从小沧浪可以见到明以前野趣风格的茅亭。

得名

沧浪，取意于“沧浪之水清兮，可以濯吾缨；沧浪之水浊兮，可以濯吾足”。

宋代诗人苏舜钦曾筑沧浪亭于苏州，为著名园林，欧阳修应邀作《沧浪亭》长诗，诗中有“清风明月本无价，可惜只卖四万钱”题咏此事，自此，“沧浪亭”名声大振。

园主借沧浪亭而命名，又因此亭较小，故名“小沧浪”。亭内有石桌、石凳，是品茶围棋的好去处。

乐事

夏日某时，“当流赤足踏涧石，水声激激风吹衣。人生如此自可乐，岂必局束为人鞿”。园主人如此，人生谁不乐此？

七　稳如舟上扬帆起

谁解乘舟寻范蠡，五湖烟水独忘机

稳如舟

四照亭亭北隔水有一迎壁，东北角一船形建筑名为“稳如舟”，亭临水池如舟形，其名取自李渔“旷野平原，猎士马蹄轻似箭；斜风细雨，牧童牛背稳如舟”。

舟与舫

稳如舟模仿圆明园昆明湖石舫，“舫”者，形与舟类，筑于水滨，往往一部高起，有若楼船，为园林中最富兴趣之建筑物，或称为舸，亦曰不系舟。

园冶所列屋宇，亭以外有门楼、堂、斋、室、房、馆、楼台、阁、榭、轩、卷、广、廊等，独未及“舫”。

此亭建筑巧妙，系六檩卷棚式顶，外形如船，恰似抛锚水中，随时可以起锚解缆，引人遐思。

舟中书

稳如舟小亭的北门，有对联：雷文古鼎八九个，日筑新茶三两瓯，系郑板桥手书。西门有对联为：山亭柳月多诗兴，水阁荷风入画图，系陈寿荣手书。

舟自横

傍山临水，别有风韵。仿佛有“独怜幽草涧边生，上有黄鹂深树鸣。春潮带雨晚来急，野渡无人舟自横”的意境。

八　小楼一夜听春雨

更喜高楼明月夜，悠然把酒对东山

砚香楼前面西侧有二层小楼一栋，名“春雨楼”。取名春雨楼，系借宋代诗人陆游诗《临安春雨初霁》中的名句“小楼一夜听春雨，深巷明朝卖杏花”，“春雨楼”三字由曹鸿勋手书。

春雨楼

建筑特色

此楼为三开间七檩庑殿式建筑，楼门抱厦出廊，辅以坐凳栏杆。同四照亭一样，春雨楼屋顶分为三叠，略有重檐的效果，这种形式称作“缀庑”。它虽建于清代，但又取宋代建筑特点。

雨天登楼

春阴登楼，细雨如丝，雨天登楼，窗外一望别有雅趣。如宋代秦观《浣溪沙·漠漠轻寒上小楼》所描绘，韵味无穷：

漠漠轻寒上小楼，晓阴无赖似穷秋。
淡烟流水画屏幽。
自在飞花轻似梦，无边丝雨细如愁。
宝帘闲挂小银钩。

遥想当年“高老庄”

电视连续剧《西游记》中的《高老庄》一集，便是以此为外景摄制。

九　小廊回合曲阑斜

常倚曲阑贪看水，不安四壁怕遮山

园中长廊

“廊”解

《园冶》对“廊”解曰：“廊者，庑出一步也，宜曲宜长则胜。古之曲廊，俱曲尺曲。今予所构曲廊，之字曲者，随形而弯，依势而曲。或蟠山腰，或穷水际，通花渡壑，蜿蜒无尽，斯寤园之‘篆云’也。予见润之甘露寺数间高下廊，传说鲁班所造。”

“落步栏杆，长廊犹胜，半墙户槅，是室皆然。”

“廊”的分类

江南园林的游廊，就基本造型来说，可分为空廊、半廊、复廊、暖廊和花廊。半廊为一侧空敞的游廊，起到遮掩围墙、丰富背景的作用。为避免单调，这种半廊常和空廊更替使用，实际上就是空廊曲折布置，或贴靠墙体而形成半廊，或离开墙面而形成空廊。廊的空间，非内非外，亦内亦外，是建筑空间的引申与延续，是时间与空间的融合，是古典园林中构成往复无尽流动空间的一种手段。园小能留客，回廊处处通。木制栏杆是一种装饰性的拦护结构，半栏又叫坐凳栏杆，有随遇坐憩功能。

廊间“挂落”

挂落是一种安装在馆舍外廊、前轩檐柱之间或亭、廊间的楣枋之下的装饰，系采用细木条组成各式纹样的空格。它是汉唐悬挂帘幕意匠的引申和发展。玲珑的木格略如悬挂在楣枋之下的帘幕，起到划分边框、略示空间划分的意思。一般挂落与栏杆同时使用，花饰纹样要求协调一致。挂落与栏杆上下呼应，更可加强列柱间分隔内外的空间界线，并构成观赏景物的绝佳边框。在额枋低矮或次要建筑上不适用挂落，则可在柱枋的交接处加镂空木雕的花牙子作为装饰。花牙子是由柱、枋交接处起加固作用的构件——角替（讹作“雀替”）衍生出来的装饰件。

十笏园长廊

十笏园长廊从形式来看即为半廊。出小沧浪，沿游廊向北，可达池北各院。此廊把中轴线与西轴线的景观巧妙地隔开，既起到合理分布景观的作用，又增添了观赏性建筑。在十笏园长廊的最南端有丁善宝撰、翰林丁良干书写的《十笏园记》，记述了建园情况及其意图：

丁善宝撰《十笏园记》碑石

光绪乙酉孟秋，余得郭氏废园于舍西，实前明胡四节先生之故居也。前有厅事，后有复室，俱颓败不可收拾。中有楼三楹，独屹立无恙，爰葺而新之，题曰砚香楼，为藏书之所。素有濂溪之好，因汰其废厅为池，置亭其上曰四照、曰漪岚、曰小沧浪、曰稳如舟、更筑小西楼，题曰春雨楼。下绕以回廊，架平桥通其曲折。老友蒯君菊畦、刘君子秀、于君敬斋，实代为筹画而布置焉。姻家刘雁臣又赠以旧石于池之东，叠而为山，立蔚秀亭于最高处，西望程符、孤山之秀，扑人眉宇。山迤南为十笏草堂，前有隙地，杂莳花竹。西园有老屋八九间，中为深柳读书堂，作家塾；旁曰秋声馆、曰静如山房，为留客下榻处。园之东古梧百尺，绿荫满庭，即余家居坐卧之碧云斋也。八阅月而规模具焉，以其小而易就也，署其名曰十笏园，亦以其小而名之也。尝慨乎世之治田园者，每为其子孙计，而子若孙或转以逸乐，失其先人之志。余年逾十七闰尚无子，此后之有子无子未可知，亦无所谓计不计。虽然不能不为后之人计，余之构斯园也，以中年多病，治此为养静之区，非奢逞台榭之观美，以贻后人之逸乐者。今与后人约，毋得借此会匪朋，毋得借此演杂剧，更毋得借此招纳倡优博赌，滋生弊端，使泉石笑人。之数事者，皆余生平所不能为，而尤不愿后之人之为之也。子侄辈倘能以余之心为心，好余之所好，幸而上达，不家食吉，则故乡有此瓜牛庐，不难急流勇退。即爻占蹇遁，老守田园，耕读之余，日与益者三友，或篇什流连，或杯酒斟酌。艮其趾不出户庭，亦吾家之佳子弟也。况柳州有云：观游者亦为政之具欤。工甫竣，记此数语，俾后之人知吾所以构斯园之意，庶几能长有此园也夫。时丙戌重阳前三日，适侄孙良翰自都中来，命楷书而刻石焉。

园主人六斋自识

这是研究十笏园最珍贵的史料。

最北端有张昭潜撰、曹鸿勋书写的《十笏园记》：

昔南宋之世，真西山先生作南康曹氏《观莳园记》，其言曰：天壤间一卉一木，无非造化生生之妙，而吾之寓目于此，所以养吾胸中之仁，使盎然常有生意，非以玩华悦芳为事也。呜呼，是言也，可以曲达吾儒林下之志矣。吾友丁君六斋，世有隐德，多善行。六斋以中翰养疴家居，善于继述，凡邑中义举，无不首先为乡先生倡。盖其恻然悱然之念，有发于不容已者。光绪乙酉孟秋得西邻郭氏废宅，小葺林塘，颜之曰十笏园，其楼亭池馆诸名业已详六斋自为记中，兹不复述。独念六斋善为诗，其为诗也，不事雕琢而归于自然，所著耕云、囊霞诸集，业已刊行于世，识者韪之。兹构是园，以草木畅生之趣、鸢鱼飞跃之机，日夜涵茹于其间，造化生生之妙，其即在一心化裁间乎。昔西山先生所谓养吾胸中之仁，使盎然常有生意者，吾不知南康曹氏当日果能恻然悱然，为仁者之事与否。其或工于吟诗而又能与造化者游与否，西山先生之言果能当之不愧与否。而吾今日六斋之行为，既如此卓卓而又工诗，复得草木鸢鱼畅生飞跃之机趣，优游而渐渍之此，固曹氏记中之所未及也，而西山先生所谓养吾胸中之仁，使盎然常有生意者，在昔日曹氏当之固不知其何如；在今日六斋当之，其庶几无愧焉。则请窃取昔日观莳园记之意为今日十笏园记之，明证也可。

张昭潜撰

曹鸿勋书

十笏園記
昔南宋之世真西山先生作南康曹氏觀蒔園記其言曰天壤間一卉一木無非造化
生生之妙而吾之寓目於此所以養吾胸中之仁使盎然常有生意非以翫華悅芳為
事也嗚乎是言也可以曲達吾儒林下之志矣余友丁君六齋世有隱德多善行六齋
以中翰養痾家居善於繼述凡邑中義舉無不首先為鄉先生倡蓋其惻然悱然之念
有發於不容已者光緒乙酉孟秋得西鄰郭氏廢宅小葺林塘顏之曰十笏園其樓亭
池館諸名業已詳六齋自為記中茲不復述獨念六齋善為詩其為詩也不事雕琢而
歸於自然所著耕雲囊霞諸集業已刊行於世識者韙之茲搆是園復以草木暢生之
趣鳶魚飛躍之機日夜涵茹於其間造化生生之妙其即在一心化裁間乎昔西山先
生所謂養吾胸中之仁使盎然常有生意者吾不知南康曹氏當日果能惻然悱然為
仁者之事與否其或工於吟詩而又能與造化者游與否西山先生之言果能當之不
媿與否而吾今日六齋之行為既如此卓卓而又工詩復得草木鳶魚暢生飛躍之機
趣優游而漸漬之此固曹氏記中之所未及也而西山先生所謂養吾胸中之仁使盎
然常有生意者在昔日曹氏當之固不知其何如在今日六齋當之其庶幾無愧焉則
請竊取昔日觀蒔園記之意為今日十笏園記之明徵也可
張昭潛撰
曾鴻勛書

张昭潜撰《十笏园记》碑石

廊间“郑板桥”

回廊中间墙上镶嵌郑板桥竹兰图石刻5方。十笏园回廊里的郑板桥兰、竹、石墨迹石刻与假山上蔚秀亭内金农白描罗汉墨迹石刻，是“扬州八怪”中人的遗墨。两处石刻一高一低，遥相呼应，成为十笏园中名人遗墨的精品。

回廊里的郑板桥墨迹石刻，便成为游客参观欣赏的佳品。

郑板桥（1693～1765年），名燮，字克柔，号理庵，又号板桥，江苏兴化人。出身贫寒，性情落拓，不拘小节，人多目为狂士。清潍县知县，“扬州八怪”之一。应科举为清康熙秀才，雍正举人，乾隆进士。“书生老去，机会方来”，清乾隆十一年（1746年）调任潍县知县。郑板桥任潍县知县7年，故有“七载春风在潍县”的诗句，为政重实效，因救济灾民触犯了豪绅巨贾利益，遭诬告罢官。“乌纱掷去不为官，橐橐萧萧两袖寒。写取一支清瘦竹，秋风江上作鱼竿”。当时潍县发生百年不遇的大旱，大批灾民流离失所。“十日卖一儿，五日卖一妇，来日剩一身，茫茫即长路……”是当时的写照。他采取果断措施：一面先行开仓赈贷，令百姓具券借粮，一面向上呈报；对于积粟之家，不分绅商，尽行封存，责其平粜。还修筑城墙，疏浚城河，以工代赈。“衙斋卧听萧萧竹，疑是民间疾苦声，些小吾曹州县吏，一枝一叶总关情”。“咬定青山不放松，立根原在破岩中；千磨万击还坚劲，任尔东西南北风”，“难得糊涂”“吃亏是福”等等诗句几乎路人尽知，其关心民生和超凡脱俗的情怀，远迈今人。

郑板桥号称诗、书、画“三绝”。其画秀丽苍劲，随意挥洒，笔趣横生，尤善兰、竹、石；其画竹有似招子庸自题诗：“写竹当师竹，何须法古人，了然心眼手，下笔自通神”。诗文讲究真情，傲放慷慨；书法则揉楷、行、草、隶而为一，圆润古秀，自号“六分半书”。有《板桥文集》、《板桥家书》、《板桥诗钞》等传世。郑板桥在中国文学史、美术史上有一定地位。徐悲鸿先生说：“板桥先生为中国近三百年来最卓绝的人物之一，其思想奇、文章奇、书画尤奇。观其诗文与书画，不但想见高致，而且寓仁慈于奇妙，尤为古今天才之难得者。”

三绝诗书画，一官归去来。烟霞留胜迹，余事费心裁。

郑板桥特别喜欢画兰、竹、石，因为：兰花四时不谢，竹子百年常青，石头万古不移。

《倒题兰》碑石高 28 厘米，宽 70 厘米，凡 28 行，每行字数多少不等，通篇共 117 字。

郑板桥《倒题兰》碑石

原文如下：

余种兰数十盆，三春告莫，皆有憔悴思乡之色。

因移植于太湖石、黄石之间，山之阴，石之缝。既已避日，又就燥，对吾堂亦不恶也。来年，忽发箭数十，挺然直上，香味坚厚而远；又一年更茂。乃知物亦各有本性。赠以诗曰：‘兰花本是山中草，还向山中种此花。尘世纷纷植盆盎，不如留与伴烟霞。’板桥郑燮并题。

《题画芝兰图》（简称《芝兰之室》）碑为竖碑，石高 120 厘米，宽 62 厘米，凡 1 行，通篇共 14 字。

郑板桥《题画芝兰图》碑石

画幅下方绘灵芝 3 朵，上有兰草 1 株。左旁曰：“芝兰之室，君子居之。板桥居士郑燮。”

《题画兰》（简称《杭州金寿门》）碑为竖碑，石高 120 厘米，宽 63 厘米，凡 6 行，每行 11～13 字不等，通篇共 42 字，画幅上方绘墨兰 1 株。

郑板桥《题画兰》碑石

下方题曰：

> 杭州金寿门题墨兰诗云：“苦被春风勾引出，和葱和蒜卖街头。”盖伤时不遇，又不能决然自引去也。板桥郑燮。

《题卧竹图》（简称《一枝卧竹》）碑为竖碑，石高 120 厘米，宽 63 厘米，凡 3 行，每行 11～13 字不等，通篇共 32 字。画幅中绘 1 石笋，石笋后面一高一低，各绘竹 1 枝。

郑板桥《题卧竹图》碑石

题曰：

一枝卧竹一支昂，石笋萧然与竹长。好是倪迂清閟阁，阶前点缀不寻常。板桥郑燮。

《题竹图》（简称《扬州汪士慎》）碑为竖碑，石高 120 厘米，宽 63 厘米，凡 7 行，每行 14 ~ 17 字不等，通篇共 103 字。画幅中上方绘竹两枝，下方题写多字。题曰：

扬州汪士慎，字近人，妙写竹。曾作两枝并瘦石一块，索杭州金农寿门题咏。金振笔而书二十八字。其后十四字云：“清瘦两竿如削玉，首阳山下立夷齐。”自古今题诗以来，从未有用孤竹君事者，盖自寿门始。寿门愈不得志，诗愈奇。人亦何必汩富贵以自取陋？板桥郑燮。

郑板桥《题竹图》碑石

不大着调

长廊南侧，难得糊涂、吃亏是福和室雅何须大，花香不在多三块刻石，只考虑了这几句话的影响，但同十笏园整体氛围并不搭调，有生搬硬套之嫌：

《难得糊涂》碑为横幅，大字自右向左横写，小字竖写。石高 45 厘米，宽 100 厘米，小字凡 16 行，每行字数多少不等，通篇大小共 50 字。原文如下：

"聪明难，糊涂难，由聪明而转入糊涂更难，放一着，退一步，当下心安，非图后来福报也。乾隆辛未秋九月十有九日，板桥。"

别有"洞"天

作为附属建筑的小品点缀，各式洞门、洞窗和漏窗不失为杰出的创作。所谓洞门，即《园冶》所谓"门空"，是开在院墙或亭、廊、轩、馆等墙体上的一般不设门扇的门洞。门洞周围加砌一圈3厘米左右清水磨边边框，即《园冶》所谓"皮条边"，衬以白墙，显得格外典雅精致，并起到保护棱角的作用。

典型的洞门就是满月形的洞门，俗称"月亮门"，天圆地方式，即《园冶》指为既可作门又可作窗的所谓"月窗式"。月洞门，即圆形门，是园林中最常用的一种洞门形式，是随墙门的一种，不装门扇。这些洞门的大小、比例与墙面大小及空间相协调，构成观赏的焦点，有时又构成一幅框景，较普通的入口更具引导性和暗示性。

洞门

洞门

汉瓶式洞门，其本身设计精巧的外观形象成为园林中一处亮丽的风景，起到装饰园林景观的作用。八方式门洞，设计造型时，先砌出洞口形状，再用水磨砖镶砌其边框。其外观造型与所处的园林庭院的环境风格相一致，与周围的山石、花草、建筑互相呼应、衬托，为园林增奇添彩。

洞门

迈古典之门，穿岁月之窗，园林情无限。

越百年历史，历政权变换，十笏景依然。

一〇　更有小桥听流水

曲曲廊深几回重，回廊尽处小桥通

小桥流水

小桥流水，是江南园林的标配。十笏园曲桥栏杆，真正饶有江南风味。

十笏园中小桥流水，因面积所限，很难展示江南园林的曲径通幽，但站立小桥四顾，不但园林景色尽览，亦能收借景之奇效。

关于借景，《园冶》有生动描述：

构园无格，借景有因。切要四时，何关八宅。林皋延竚，相缘竹树萧森；城市喧卑，必择居邻闲逸。高原极望，远岫环屏，堂开淑气侵人，门引春流到泽。嫣红艳紫，欣逢花里神仙；乐圣称贤，足并山中宰相。《闲居》曾赋，“芳草”应怜；扫径护兰芽，分香幽室；卷帘邀燕子，闲剪轻风。片片飞花，丝丝眠柳。寒生料峭，高架秋千，兴适清偏，怡情丘壑。

顿开尘外想，拟人画中行。林阴初出莺歌，山曲忽闻樵唱，风生林樾，境入羲皇。幽人即韵于松寮，逸士弹琴于篁里。红衣新浴，碧玉轻敲。看竹溪湾，观鱼濠上。山容霭霭，行云故落凭栏；水面粼粼，爽气觉来欹枕。南轩寄傲，北牖虚阴。半窗碧隐蕉桐，环堵翠延萝薜。俯流玩月，坐石品泉。苎衣不耐凉新，池荷香绾；梧叶忽惊秋落，虫草鸣幽。湖平无际之浮光，山媚可餐之秀色。寓目一行白鹭，醉颜几阵丹枫。眺远高台，搔首青天那可问；凭虚敞阁，举杯明月自相邀。冉冉天香，悠悠桂子。但觉篱残菊晚，应探岭暖梅先。少系杖头，招携邻曲。恍来临月美人，却卧雪庐高士。云冥黯黯，木叶萧萧。风鸦几树夕阳，寒雁数声残月。书窗梦醒，孤影遥吟；锦幛偎红，六花呈瑞。棹兴若过剡曲，扫烹果胜党家。冷韵堪赓，清名可并；花殊不谢，景摘偏新。因借无由，触情俱是。

夫借景，林园之最要者也。如远借，邻借，仰借，俯借，应时而借。然物情所逗，目寄心期，似意在笔先，庶几描写之尽哉。

园林虽小，因借景而广大。

一一　山在虚无缥缈间

忽闻海上有仙山，山在虚无缥缈间

城市山林

临水有假山一座，属半壁假山，山高 10 米，南北长 30 米，东西宽 15 米，是依东轴线上院落的房屋山墙以旧石而建。

假山石

拾级登山，山径崎岖，山石层叠，路随峰转，其势巍峨。年深日久，封顶养山，惜乎不能到达山顶。间有山洞、瀑布之设，山间杂植松柏草木，四时常青，经冬不凋。如果是雨后，景色更是壮观：“山中一夜雨，树杪百重泉。”

诗画丹青

正如唐诗所云：“一路经行处，莓苔见屐痕。白云依静渚，芳草闭闲门。过雨看松色，随山到水源。溪花与禅意，相对亦忘言。”更有“泉壑带茅茨，云霞生薜帷。竹怜新雨后，山爱夕阳时”。

造园者多少参用画理，如北宋名山水画家郭熙在其画论《林泉高致》中所说：“春山淡冶而如笑，夏山苍翠而如滴，秋山明镜而如妆，冬山惨淡而如睡。”

池馆已随人意改

1980年，对十笏园中的部分建筑进行维修保养，在整修假山的过程中，于假山南端增建亭子一座，名曰“落霞亭”，为四檩卷棚式结构。亭内装嵌有郑板桥手迹刻石“笔墨三则”，“田游岩”和“题画竹”各一，所悬“聊避风雨”为郑板桥手笔。不知道加造之人当年心境如何，词句竟如此沧桑，恐怕更是板桥的心境吧。落霞亭对联为：竹宜著雨松宜雪，花可参禅酒可仙。方显主人闲逸之风。登亭观览，如刘统勋所言“烟霞日展新诗卷，山水时开古画图”，心胸为之一宽。

在宅园中，为了节约用地，争取空间，而有“半亭”的创作，落霞亭即是例子。建造者起码是懂园林建构，惜乎与十笏园整体意境不搭，有画蛇添足之嫌。如陈从周所云：池馆已随人意改，题篇还逐水东流，漫盈清泪上高楼。

山上飞瀑，冲石而下，如散珠碎玉，撒向池中。“水流任急境常静，花落虽频意自闲”。山的幽静，水的灵动，相映成趣。

“掇山”艺术

造山讲究“未山先麓”，土石点山及葱郁的林木所造成的景象，仿佛自然山麓余脉的一角；又由于景面西向，与游廊相对，驻足观赏，使人产生园外就是大山的幻觉，意境顿生。

> 业叠山者，在昔苏州称花园子，湖州称山匠，扬州称石工；人称张南垣为张石匠。迭山之艺，非工山水画者不精，如计成、石涛、张南垣，莫不能绘，固非一般石工所能望其项背者也。

叠山原先出于模仿自然景观，但在不断地创作过程中，逐渐发展为抽象的形式美的经营。也可以说，原先作为单体太湖石的审美标准“瘦、皱、透、漏”逐渐也成为叠掇石山的标准。

园林艺术主要在于叠山理水，叠山亦称“掇山”，在《园冶》中为重点篇幅：

> 掇山之始，桩木为先，较其短长，察乎虚实。随势挖其麻柱，谅高挂以称竿。绳索坚牢，扛台稳重。立根铺以粗石，大块满盖桩头；堑里扫以查灰，着潮尽钻山骨。方堆顽夯而起，渐以皴纹而加；瘦漏生奇，玲珑安巧。峭壁贵于直立，悬崖使其后坚。岩、峦、洞、穴之莫穷，涧、壑、坡、矶之俨是；信足疑无别境，举头自有深情。蹊径盘且长，峰峦秀而古。多方景胜，咫尺山林，妙在得乎一人，雅从兼于半土。假如一块中竖而为主石，两条傍插而呼劈峰，独立端严，次相辅弼，势如排列，状若趋承。主石虽忌于居中，宜中者也可；劈峰总较于不用，岂用乎断然。排如炉烛花瓶，列似刀山剑树；峰虚五老，池凿四方。下洞上台，东亭西榭。罅堪窥管中之豹，路类张孩戏之猫。小藉金鱼之缸，大若酆都之境。时宜得致，古式何裁？深意画图，余情丘壑。未山先麓，自然地势之嶙嶒；构土成冈，不在石形之巧拙。宜台宜榭，邀月招云；成径成蹊，寻花问柳。临池驳以石块，粗夯用之有方。结岭挑之土堆，高低观之多致；欲知堆土之奥妙，还拟理石之精微。山林意味深求，花木情缘易短。有真为假，做假成真；稍动天机，全叨人力。探奇投好，同志须知。

按掇山的分类，十笏园的假山应为峭壁山：

> 峭壁山者，靠壁理也。借以粉壁为纸，以石为绘

也。理者相石皴纹，仿古人笔意，植黄山松柏、古梅、美竹，收之圆窗，宛然镜游也。

夫理假山，必欲求好，要人说好，片山块石，似有野致。

造山须选石，有山必有峰峦、山洞，有山须有水，对此，《园冶》如此描述：

夫识石之来由，询山之远近。石无山价，费只人工，跋蹑搜巅，崎岖挖路。便宜出水，虽遥千里何妨；日计在人，就近一肩可矣。取巧不但玲珑，只宜单点；求坚还从古拙，堪用层堆。须先选质无纹，俟后依皴合掇。多纹恐损，无窍当悬。古胜太湖，好事只知花石；时遵图画，匪人焉识黄山。小仿云林，大宗子久。块虽顽夯，峻更嶙峋，是石堪堆，便山可采。石非草木，采后复生，人重利名，近无图远。

峰石一块者，相形何状，选合峰纹石，令匠凿笋眼为座，理宜上大下小，立之可观。或峰石两块三块拼掇，亦宜上大下小，似有飞舞势。或数块掇成，亦如前式；须得两三大石压封顶。须知平衡法，理之无失。稍有欹侧，久则愈欹，其峰必颓，理当慎之。

峦，山头高峻也，不可齐，亦不可笔架式，或高或低，随至乱掇，不排比为妙。

理洞法，起脚如造屋，立几柱著实，掇玲珑如窗门透亮，及理上，见前理岩法，合凑收顶，加条石替之，斯千古不朽也。洞宽丈余，可设集者，自古鲜矣！

上或堆土植树，或作台，或置亭屋，合宜可也。

瀑布如峭壁山理也。先观有高楼檐水，可涧至墙顶作天沟，行壁山顶，留小坑，突出石口，泛漫而下，才如瀑布。不然，随流散漫不成，斯谓："作雨观泉"之意。

十笏园因旧石山立，小亭立绝顶，孤松挺特，飞瀑伴鸣，虽无"分野中峰变，阴晴众壑殊"的气势，但夕阳晚照，"残霞未散，淡雾沈绵"之时，理洞通幽，山在虚无缥缈间，亦"是晋时人，唐时洞，汉时仙"的神仙境界。

一二　醉翁之意蔚秀亭

人道我居城市里，我疑身在万山中

蔚秀亭

名人名句名作

山上有小亭名为“蔚秀亭”，建于假山之巅，取自宋朝欧阳修《醉翁亭记》，“望之蔚然而深秀者，琅琊也”中的“蔚”、“秀”二字而名。亭内有对联为：小亭山绝顶，独得夕阳多。

另亭中有扬州八怪之一金农的白描罗汉石刻一块，姿态妩媚，造意新奇，碑尺寸与原画相若，整体布局一如其旧，只是将原画中佛像的黑发改为螺髻形发式，并于碑刻的右下方加刻一个“古平寿丁毓庚敬刊”的长条印记。这一印记传递的信息使我们明了，丁毓庚及其潍县丁氏家族与金农的《古佛图轴》的收藏、流传有着密切的关系。

惜乎，岁月消磨，图像不清，故不录图像。如对金农和碑刻有兴趣，可参看《“世界第一”画与“白描罗汉”碑》。

“世界第一”画与“白描罗汉”碑

烟台市博物馆藏有一幅“扬州八怪”之一金农所作《古佛图轴》。该图轴原为黄县丁氏旧藏，20 世纪 60 年代又归藏于烟台市博物馆。

《古佛图轴》绢本设色，纵 117 厘米，横 47. 2 厘米。画面绘释迦牟尼佛像，正面全身，黑发，头顶留肉髻，身着红色袈裟，一臂坦露，拱手伫立。面部以铁线描勾出，遒劲有力；双耳垂肩，双眉呈半月形，眼目低垂，鼻翼挺阔，唇口闭敛微翘；袈裟的衣纹，以枯笔绉折画法勾勒，线条疏爽，势若风动，好似掸却世间的尘埃。释迦牟尼像两侧有长篇题记。右边题记为：“十五年前曾为援鹑居士写金刚经一卷，居士刻之枣木，精装千本，善施天下名胜禅林，与伐那婆斯尊者贝叶之书争光也。即外域遐方，若高丽，若日本，若星罗，若琉球，若安南诸国，以及小琼岛、大西洋皆附，海舶远行，散布之地，无不知中华有心出家盦粥饭僧之柔翰矣。今年又画佛，画菩萨，画罗汉，将俟世之信心敬俸者，锓摹上石，一如写经之流传云。七十四叟杭郡 金农记。”凡 146 字，下钤“冬心先生”朱文印章。释迦牟尼像左侧题记为“七池无狂华，双树无暴禽，中有道场精进林。雪山白牛日食草，其粪合香为佛宝，以此涂地香不了。长者居士与导师，各具智慧千人俱，多乐少苦功德施。童男扫塔复洗塔，塔内舍利一百八，清净耳闻诸天乐。昔传佛在师子城说法，无量度众生，能使荆棘柔软沙砾咸光明。古佛颂 苏伐罗 吉 苏伐罗 越日又书于扬州僧舍。”凡 124 字，下钤“金吉金印”朱文印章。画面两则题记的书体应是金农独创的风格奇特的“漆书”。其楷隶相参，棱角分明，点画浓重，笔墨醇厚，极具金石篆刻之气，更显厚重淳古。整幅画面，敷设淡彩，人物形象丰腴圆润，神态安详而端庄，微垂的双目则更显释迦牟尼佛的灵透与肃穆。此画为金农晚年有代表性的作品，堪称书画双绝，民国时期著名的文物鉴赏大家张伯驹先生曾将此画誉为“世界第一”。此画轴左侧裱处还竖题“庚申十月山阴何澍拜观于十笏山房”，下钤“何澍印”白文印章、“仲起”朱文印章。

金农（1687～1763 年），字寿门，号冬心，晚年又号“稽留岷、曲江外史、昔耶居士等”，被称为“扬州八怪”之首。其博学多才，书法根底深厚，精篆刻，绘画题材广泛。诗书画式式精益，为世人所重。金农的画作常常有大段题识。观此《古佛图轴》，其题识分左右两部分，左边的“古佛颂”，为画作完成后隔日又题，似有意犹未尽之意。题识中所提“扬州僧舍”即扬州西方寺，为金农晚年寓居之所。在右边的题记中，流露出将此画“锓摹上石”，广为传播，“喜施天下名胜禅林”的强烈愿望。同类题材作品，金农所作不止一件，据相关资料，天津历史博物馆亦藏有一幅。

金农老年擅画诸佛，其与佛相关的别号就有心出家盦粥饭僧、冬心居士、昔耶居士、莲身居士、金吉金、苏伐罗吉苏伐罗等，这其中既有金农对佛教的虔诚信仰，对自己作品的强烈自信，此外，题诗作画为稻粱也是原因之一。

金农博学多才却一生坎坷，50 岁以后寓居扬州以卖画为生。起初“四方求索如云，得之珍同拱璧”，故而卖画所得“岁计千金，随手散去”。然而这个冠绝一时的大画家当年迈力衰之际，其遭遇却甚凄楚，饱尝了艰辛、冷寂、穷困之苦。当时，扬州书画界的竞争非常激烈。据《扬州画舫录》记载，集中在扬州的名画家就有八十余人，对金农的书画识者求索的可能已满足，而世俗对金农的艺术又不能理解，故其书画的销售已很困难。有时，他的书画竟“和葱和蒜卖街头”，甚至以自己所藏陈老莲《庐同煎茶图》易米为生，只能寄居于西方寺中。金农初进西方寺时，尚能“寄食僧厨”，无衣食之虞。后来随着寺庙的颓坍，僧人的离去，西方寺出现了“无佛又无僧，空堂一盏灯……此间何所有？池上鹤窥冰？”的凄楚景象，以至于金农“月夜画梅鹤在侧，鹤舞一会清人魂。画梅乞米寻常事，却少高流送米至。我竟常饥鹤缺粮，携鹤且抱梅花睡”。正是在极度的贫困与失意中，这位志存高远、才华横溢的一代大师在创作完这幅《古佛图轴》两年以后于西方寺中结束了其命运多舛的一生。

在金农逝世一百多年以后的光绪年间，在一个北方小城，一个年轻人将此画“锓摹上石”，了却了金农的心愿。这就是现立于潍坊市十笏园假山之上蔚秀亭中的“白描罗汉”碑。此碑尺寸与原画相若，整体布局一如其旧，只是将原画中佛像的黑发改为螺髻形发式，并于碑刻的右下方加刻一个“古平寿丁毓庚敬刊”的长条印记。这一印记传递的信息使我们明了，丁毓庚及其潍县丁氏家族与金农的《古佛图轴》的收藏、流传有着密切的关系。

丁毓庚（1869～1924 年），字星甫，是十笏园主人丁善宝的嗣子。十笏园为融南北建筑于一体的袖珍园林，现为全国重点文物保护单位。丁善宝于1885年始建十笏园，1886年建成。“白描罗汉碑”应当在此时或稍后刻制完成。潍县丁氏是海州丁氏后裔，自明代迁入，经几代人励精图治，至清代中期，已成潍县首富。与此同时，同为海州丁氏后裔的黄县丁氏也因经商而快速致富，不仅置有大量的房屋、土地等不动产，而且以雄厚的财力收藏了大量的古董珍玩。潍县丁氏与黄县丁氏同祖同宗，均富甲一方，且居住地相去不远，两家互有往来应是情理之中的事。烟台市博物馆有同志认为《古佛图轴》原为潍县丁家收藏，后辗转流入黄县丁家，不知依据为何。如若仅因为图轴左侧裱处题记，即下此结论则有欠妥。因丁家园林——十笏园，除内中有“十笏草堂”称谓外，其他并无“十笏山房”名称者。“十笏山房”称谓者当时有多处，如江浙地区、四川、北京等都有。“山阴”应是今浙江绍兴一带，故而此题记中所谓“十笏山房”为浙江地区者似更妥。

虽不知丁毓庚是因自家收藏得阅，抑或是在黄县丁家鉴赏，最终丁毓庚以雄厚的财力为依托、以100多年前的金农的原作为蓝本刻泐的这方碑，成为十笏园中有代表性的碑刻之一。但不知为何此碑却被后人误称“白描罗汉”碑。既然金农的画作，刻画的是佛的形象，那么，以此为蓝本摹泐刻制的石碑再沿用“白描罗汉”碑这一俗称就有不妥之处了。

两百多年的风风雨雨，画犹在；一个世纪的时代变迁，碑依旧。画碑遥相呼应，依然在诉说着一代书画大师的才华横溢和多舛人生；见证着一个名门望族的兴盛和衰落；展示着文化与艺术的永恒魅力。

松柏有本性

亭旁有孤松一株，直插霄汉。孔子有言：岁寒，然后知松柏之后凋。建安七子之一的刘桢曾有《赠从弟》一首：“亭亭山上松，瑟瑟谷中风。风声一何盛，松枝一何劲！冰霜正凄惨，终岁常端正。岂不罹凝寒，松柏有本性。”

亦有民歌言道：古语结金兰，但看松柏林。经霜不坠地，岁寒不异心。文人百姓，此心彼心。园林植松，其用意不言自明。

傍晚时分，“林壑敛暝色，云霞收夕扉”，是否也有“夕阳无限好，只是近黄昏”的感慨？如能登顶，自是“不畏浮云遮望眼”，惜乎不能成行。

有一飞瀑，冲石而下，如散珠碎玉，撒向池中。“水流任急境常静，花落虽频意自闲”。山的幽静，水的灵动，相映成趣。

园林皆有亭

中国自古就有：登高望远，人情所乐。

亭之妙，在于其空，苏轼诗云：静故了群动，空故纳万境。中国的亭，是无限空间里的有限空间，又是将有限空间融于无限空间的一种特殊的建筑空间形式。它体现了自然的人化，空间是建筑的本质的真谛。中国古典园林绝大部分四周皆有墙垣，景物藏之于内。可是园外有些景物还要组合到园内来，使空间推展极远，予人以不尽之意，此即所谓“借景”。

丁善宝在其《十笏园记》所说“西望程符”，程符山即浮烟山，在城西南鹿台庄三里许，上有明刘应节所立修贞观及清昌乐阎循观与韩梦周所筑西润草堂程符精舍。登高远望盖心有戚戚焉。虽不能至，心向往之。

一三　无数青山拜草庐

茅檐相对坐终日，一鸟不鸣山更幽

十笏草堂

“金石”生辉

十笏园景色轴线的南端正厅为十笏草堂，明间为雕花门，上悬清代著名金石学家陈介祺手书“无数青山拜草庐”匾额。

面水看山几时足

堂前山石花木相间，池水盈盈，水波荡漾。是当年园主人的宴客之所，四时风物，四时佳兴，嘉宾满堂，俨然有兰亭之感：

> “此地有崇山峻岭，茂林修竹；又有清流激湍，映带左右，引以为流觞曲水，列坐其次。虽无丝竹管弦之盛，一觞一咏，亦足以畅叙幽情。是日也，天朗气清，惠风和畅，仰观宇宙之大，俯察品类之盛，所以游目骋怀，足以极视听之娱，信可乐也。”

如果是春日，面山而坐，“涧水无声绕竹流，竹西花草弄春柔”，这是一处绝好的宴客之所。

脚下亦景

池前空地，正是园林工匠施展铺地技巧的场所，地面能为园林增辉。

> 大凡砌地铺街，小异花园住宅。惟厅堂广厦中铺，一概磨砖，如路径盘蹊，长砌多般乱石，中庭或宜叠胜，近砌亦可回文。八角嵌方，选鹅子铺成蜀锦；层楼出步，就花梢琢拟秦台。锦线瓦条，台全石板，吟花席地，醉月铺毡。废瓦片也有行时，当湖石削铺，波纹汹涌；破方砖可留大用，绕梅花磨斗，冰裂纷纭。路径寻常，阶除脱俗。莲生袜底，步出个中来；翠拾林深，春从何处是。花环窄路偏宜石，堂迴空庭须用砖。各式方圆，随宜铺砌，磨归瓦作，杂用钩儿。

十笏草堂前，是看园林铺地的绝佳场所，各种地面琳琅满目，美不胜收：

鹅子地：鹅子石，宜铺于不常走处，大小间砌者佳；恐匠之不能也。或砖或瓦，嵌成诸锦犹可。如嵌鹤、鹿、狮球，犹类狗者可笑。

冰裂地：乱青板石，斗冰裂纹，宜于山堂、水坡、台端、亭际，见前风窗式，意随人活，砌法似无拘格，破方砖磨铺犹佳。

诸砖地：诸砖砌地，屋内，或磨，扁铺；庭下，宜仄砌。方胜、叠胜、步步胜者，古之常套也。今之人字、席纹、斗纹，量砖长短合宜可也。有式。

真是路在脚下，景亦在脚下。

一四　园中园别有洞天

1. “于心有不厌，即事多所欣”

西轴线南端一院被称为“园中园”，南门有李鱓一副对联。

园中园

《十笏园记》：西院有老屋八九间，中为深柳读书堂，作家塾。旁曰秋声馆曰静如山房，为留客下榻处。此为园中园。

如何养心

“于心有不厌，即事多所欣”，颇多意味。古人云：“此心常看的圆满，天下自无缺陷之世界；此心常放得宽平，天下自无险侧之人情。”两者异曲同工，很值得回味。

李鱓，中国清代著名画家，字宗扬，号复堂，别号懊道人、墨磨人，扬州八怪之一，江苏省扬州府兴化县（今兴化市）人，其宫廷工笔画造诣颇深，中年始画风变化，转入粗笔写意，大胆泼辣，挥洒自如，感情充沛，富有气势。其作品对晚清花鸟画有较大的影响。李鱓是明代状元宰相李春芳的第 6 代裔孙，后代定居江苏镇江。

李鱓康熙五十年中举，于康熙五十三年以绘画召为内廷供奉，因不愿受“正统派”画风束缚而被排挤但遭忌离职。于乾隆三年出任山东滕县知县。为政清简，颇得民心，因得罪上司而被罢官，后居扬州，以画为生。

李鱓工诗文书画。曾随蒋廷锡、高其佩学画。后又受石涛影响，擅花卉、竹石、松柏，早年画风工细严谨，颇有法度。中年始转入粗笔写意，大胆泼辣，挥洒自如，感情充沛，富有气势。

2. 静如山房听山水

《园冶》解释房：《释名》云：房者，防也。防密内外以寝闼也。

静如山房，取其安静闲雅、洁净之意，由杜甫诗句“沉竿续蔓深难测，菱叶荷花静如拭”而得名，为园主人接待尊贵客人下榻之处。1925 年 7 月，康有为曾在此下榻并题诗一首：

峻岭寒松荫薜萝，
芳池水面立红荷。

我来桑下几三宿，
毕至群贤主客多。

静如山房

康有为其人

康有为（1858～1927 年），广东南海人。字广厦，号长素，又号更生，别署西樵山人、天游化人，世称康南海。清光绪年间进士，官授工部主事，近代著名政治家、思想家、社会改革家、书法家和学者，晚年居住并卒于青岛。

康体

康体，指的是清末著名思想家康有为的独有的书法风格，学术界又称康体为“破体”。康有为在书法上力倡北碑，其书自成一格。以对联最为精彩，见气势开张、浑穆大气的阳刚之美。逆笔藏锋，迟送涩进，运笔时迅起急收，腕下功夫精深，从中也可以看出康有为的运笔轻视帖法，全从碑出。转折之处常提笔暗过，圆浑苍厚。结体不似晋、唐欹侧绮丽，而是长撇大捺，气势开展，饶有汉人古意。

也有人认为这是表面上虚张声势的火气，潘伯鹰先生评说康有为的字“像一条翻滚的烂草绳”，认为康有为线条没有质感，滥用飞白，显得很虚浮。

康有为书法论著为《广艺舟双楫》一书，从理论上全面地系统地总结碑学，提出“尊碑”之说，大力推崇汉魏六朝碑学，对碑派书法的兴盛有着极其深远的影响。

3. 秋声馆里夜读书

秋声馆取欧阳修《秋声赋》而名，前出抱厦并有坐凳栏杆，曾为丁善宝孙丁锡田著书立说之处。

《园冶》说“馆”：

散寄之居，曰“馆”，可以通别居者。今书房亦称“馆”，客舍为“假馆”。

秋声馆

静如山与秋声，一静一动，互为映衬，且与园中山水相依，白日观景，夜晚听声，留宿于此，岂不也是难得的享受？

秋声寓意：欧阳修《秋声赋》中最应景的应是这段：

嗟乎！草木无情，有时飘零。人为动物，惟物之灵；百忧感其心，万事劳其形；有动于中，必摇其精。而况思其力之所不及，忧其智之所不能；宜其渥然丹者为槁木，黟然黑者为星星。奈何以非金石之质，欲与草木而争荣？念谁为之戕贼，亦何恨乎秋声！

人生感叹：又有张养浩《沉醉东风·班定远飘零玉关》：昨日颜如渥丹，今朝鬓发斑斑。恰才桃李春，又早桑榆晚。断送了古人何限，只为天地无情乐事悭，因此上功名意懒。

差可比拟。喻义明晰！

4. 终信诗书能济世

在园之西院的北过厅名叫深柳读书堂。

深柳读书堂

堂，是在庭院组合中，居主轴线上当正向阳而轩敞的房间，堂者，明也，言礼仪之所。

《园冶》释堂：古者之堂，自半已前，虚之为堂。堂者，当也。谓当正向阳之屋，以取堂堂高显之义。

名称取自唐诗人刘慎虚诗的《阙题》：

道由白云尽，春与青溪长。
时有落花至，远随流水香。
闲门向山路，深柳读书堂。
幽映每白日，清辉照衣裳。

因借用为书塾名称，表示自己志趣在于读书，不好交往，深深柳荫中的堂屋里正好读书。

“至今东鲁遗风在，十万人家尽读书”。九百多年前，一代文豪苏轼执政密州，其弟苏辙感叹于当地崇文尚学之风盛行，亦是潍县文风昌盛写照。

清代贺国嶙、何日浩、钱向杲等，都曾用此作书斋名称。

一五　十笏园记意味长

旧时王谢堂前燕，飞入寻常百姓家

碧云斋。

《园冶》说斋：斋较堂，惟气藏而致敛，有使人肃然斋敬之义。盖藏修密处之地，故式不宜敞显。

静默恬淡，所以养性也，明代著述中常称斋为山斋，显然与斋的环境意味有关。生活在城市的文人为了满足山居读书的愿望，在书房静室外围种植梧竹等冠大荫浓的落叶乔木，以求优雅闲适的生活情调：“凡静室，须前栽碧梧，后种翠竹……然碧梧之趣，春冬落叶，以舒负暄融和之乐；夏秋交荫，以蔽炎烁蒸烈之威。”丁善宝自居碧云斋正符合这个要求。

碧云斋

游园结束，我们再来看丁善宝《十笏园记》，与园林相印证来看丁氏家风：

从《十笏园记》管窥丁氏家风

家风是家族子孙代代恪守家训、家规而长期形成的具有鲜明家族特征的家庭文化，是一个家族最宝贵的财产。党的十八大报告强调："建设优秀传统文化传承体系，弘扬中华优秀传统文化"，而好家风好家训则是传统文化的组成部分。历朝历代，有识之士莫不重视家风建设。中国共产党老一辈领导人，率先垂范，习近平更进一步明确指出："中国古代历来讲格物致知、诚意正心、修身齐家、治国平天下"，领导干部要加强家风建设。党的十九大报告提出，要推动中华优秀传统文化创造性转化、创新性发展，更好构筑中国精神、中国价值、中国力量，为人民提供精神指引。

优良的家风是家族延续、兴旺发达的重要保证。明清潍县丁氏世家能够兴旺发达几百年，绝非一人一时之智力可及，必有独特家风赖以支撑，这一点从丁善宝所撰《十笏园记》可见一斑。丁善宝建园垂训，“余生平所不能为，而犹不愿后之人之为之也”，“子侄辈倘能以余之心为心，好余之所好”，对子孙提出明确要求，即“与后人约”，以期“俾后之人知吾所以构斯园之意，庶几能长有此园也夫”。己之好恶，成于祖宗家训；己之要求，是对祖宗家训的补充，它们共同构成了丁氏家风。那么，在《十笏园记》中有什么具体体现呢？

一是丁善宝率先垂范，时刻牢记创业难、守业更难的古训。

“尝慨乎世之治田园者，每为其子孙计，而子若孙或转以逸乐，失其先人之志”。“千年田，八百主”，崽卖爷田不心疼，亡国破家相踵，史不绝书。丁善宝建园，首先及此，犹如佛家当头棒喝，其作用可见一斑。

二是牢记养心，清心寡欲。

“余之构斯园也，以中年多病，治此为养静之区”，由己及人，也可以看作是对丁氏后人的要求。至难驯服者，心性也，儒家讲克己；佛家讲降龙伏虎；道家主清静无为，都是讲对心性的修炼。世家子弟，财大气粗，难免逸气，故养心为第一要务，故宫养心殿的牌匾至今悬挂，可以想见，皇家、世家以及平头百姓莫不以此为大。

三是低调做人，不炫富。

“非奢逞台榭之观美，以贻后人之逸乐者”。世家后人，生而富贵，一切以为当然，难免不经意间有炫富之嫌。况后人素质难以划一，难保没有败家子，炫富烧钱，败坏家业，故需预先提及，并且率先垂范。

四是慎与交友。

交友之道，古今曰难。“富在深山有远亲”，作为大富之家，不缺朋友，难在择友。孔子曰：“与善人居，如入芝兰之室，久而不闻其香，即与之化矣。与不善人居，如入鲍鱼之肆，久而不闻其臭，亦与之化矣。丹之所藏者赤，漆之所藏者黑，是以君子必慎其所与处者焉”。世家子弟，交游广阔，但应有底线：“今与后人约，毋得借此会匪朋”，一则怕子孙学坏，二则怕为人所觊觎。这是持家之道，也是立身之本。

五是“毋得借此演杂剧”。

虽然大户人家，钟鸣鼎食，歌舞作乐，司空见惯，但丁善宝这一要求却有深意。园林作为养静之所，最忌喧哗，且世家子弟衣食无忧，容易为杂剧所感染，沉溺其中，滋生事端。“假作真时真亦假”，要想培养佳子弟，有些隔离还是必要的。

六是不准“招纳倡优博赌”。

因为“倡优博赌”，是世家子弟败家的通路，板桥先生说：博进已赊三十万，高楼犹抱美人眠，正是这种写照。此等行为不光在丁善宝眼里，在所有的家规家训中，都是严厉禁止的。

七是子弟为官者，进退有据，不必恋栈。

丁善宝强调，如有子孙“幸而上达，不家食吉，则故乡有此瓜牛庐，不难急流勇退”。丁氏以商起家，以本守之，大富之家，与科举上着力不大，也正因为如此，与潍县陈、郭、张等大家族相比，虽簪缨不足，但余脉绵长。曾国藩曾说过：“凡天下官宦之家，多只一代享用便尽，其子孙始而骄佚，继而流荡，终而沟壑，能延庆一二代者鲜矣。”“旧时王谢堂前燕”为什么“飞入寻常百姓家”，皆因为鲜花着锦，烈火烹油，一切皆为官所得，失势就会一无所有。如果根据地非为官所得，得势益彰，失势不显而已，不会进退无据。丁善宝深谙个中三昧。

八是耕读传家，诗书继世长。

丁善宝说：“即爻占蹇遁，老守田园，耕读之余，日与益者三友，或篇什流连，或杯酒斟酌。艮其趾不出户庭，亦吾家之佳子弟也。”功名者，时也运也命也，强求不得，因为进退有据，所以可以各得其所，达者可以居庙堂之高；时运不济者，可以悠然林下，诗酒盘桓，不亦乐乎！丁善宝为子孙可谓计深远矣。

读罢《十笏园记》，对丁善宝对后人的谆谆教诲，想必已有所了解感悟。古来家规家训很多，除曾国藩家族之外，后世遵守且人才辈出者，寥落晨星。难得的是丁善宝之后，嗣子丁毓庚，孙辈丁叔言、丁锡田，延之后辈丁伟志等皆有所成，丁家可谓人才辈出，这其中与丁善宝《十笏园记》所体现出的持家思想应该不无关系吧。

园林美景，游人如织，"观游者亦为政之具欤"，关键在于如何看待利用，丁善宝《十笏园记》已经说得很透彻了。

游园感叹

百年名园——这是人们对十笏园的习惯称呼，其实这块土地已经见证了五百年的风云变幻。斗转星移，物是人非，你只是凝然俏立；繁华时，你如此；动乱时，你依旧。我试图代你回答你所见的历史，千呼万唤，你只是一贯的无言。拙陋的笔，也许不能如你所愿，面对抱歉，你依旧悄然。悄然中，有不愿；悄然中，有不屑；悄然中，是否有同感？

"毋忧拂意，毋喜快心，毋恃久安，毋惮初难"。漫步十笏园是否可味古人心？

绝怜人境无车马，信有山林在市城——题记

第四章　北国之最——十笏园的山水特色

古典园林特色概述

“吾国园林，名义上虽有祠园、墓园、寺园、私园之别，又或属于会馆，或傍于衙署，或附于书院，惟其布局构造，并不因之而异”，“仅有大小之差，初无体式之殊”。

日本造园家小堀远州尝谓：“庭园以深远不尽为极品，切忌一览无余。”此在中国园林，尤为一定不易之律。

中国古典园林的创作，秉承“天人合一”的理念，遵循“虽由人作，宛自天开”的艺术宗旨，精炼而典型地再现自然界山水风景之美，活泼而巧妙的布局，精湛而高超的技艺，山明水秀的风景，诗情画意的境界，让“鸢飞戾天者游园息心，经纶世务者窥景忘返”。

总结宋以后中国园林特点，如下特点都是相同的：天人合一的指导思想、写意山水画的布局谋篇、无处不在的诗情画意、巧于因借、以小见大、步移景异、无尽意境、可游可居。

十笏园建于集古代园林艺术之大成的清代，园主人有过宦海生涯，气势不输；又游历过大江南北，饱览名胜风光，胸中自有丘壑。因此，十笏园建成后，被誉为“鲁东明珠”、北国小园之最，可谓实至名归。在前面纵览园林美景的基础上，我们来细细品味十笏园的建园特色：

园林游览，分动观、景观，静观需细品。

神游天地外，山色有无中。品园正当时。

一　苏式园林——亭台虽小情无限

宅园是江南古典园林的典型类别，宅园具有相对独立性，景象结构自成完整的格局。十笏园就是典型的宅园。

虽由人作，宛自天开

十笏园以“虽由人作，宛自天开”为最高原则和审美标准，园林景观力求呈现山环水抱、曲折蜿蜒、参差错落、花草树木自然之态，从而获得“不离轩堂而共履闲旷之域，不出城市而共获山林之性”的理想生活境界。

园林建筑师法自然，布局上以自然为宗，“非能学天地之山野，学夫天地之山之自然之理也”。南方园林以水为魂，而十笏园既有静水之美，又具失动水之灵。池水如镜，飞瀑似珠，增添了园林的生动。

十笏园的半壁假山依东轴线上院落的房屋山墙而建，虽由人工，宛若天然；其中置石的运用也相当普遍，即增加了野趣，又能缓和过多的建筑给人的视觉上带来的生硬和呆板。孤赏石，由于这些岩石形状奇特，位置险要而引人注目，成为不可多得的风景。在十笏园中这种置石方法非常多见，给十笏园增添了不少情趣。假山石的体型大小不同，互相交错搭配，可以配出多样的石景，点缀园林。十笏园中多在墙角采用这种置石方法。

十笏园在建造过程中追求一种自然环境与现实生活相协调的美的意境。在造园过程中，运用人工与自然、大与小、虚与实、藏与露等一系列对立统一的手法，经过取舍加工，再现自然山水之美，达到“虽由人造，宛自天开”的效果。造化、人心，混合无间。

布局新巧，匠心独运

十笏园面积虽小，但园林、庭院住宅、书斋、客房巧妙地结合，布局严谨；曲桥、回廊、鱼池、水榭、假山点缀其间，布局新巧、匀称紧凑、小巧玲珑，疏密有致，内蕴苏杭建筑“钟灵毓秀之气”。

园林因地制宜，曲径通幽。空间上讲求“隔景”、“藏景”，“合景色于草昧之中，味之无尽；擅风光于掩映之际，览而愈新”。要求循环往复，在有限的空间范围内营造出无限的意趣。

园林造景的山、水、建筑、花木这四要素的布置没有一定的程式，按照自然的形态灵活随意，“因阜垒山，因洼疏池。集宾有堂，眺远有楼有阁，读书有斋，燕寝有馆房，循行往还，登降上下，有廊榭、亭台……之属”。“随基势高下宜亭斯亭，宜榭斯榭”。

十笏园以布局新巧、匠心独运誉冠北国小园之首，中国著名园林专家陈从周教授在他的著作《说园》中赞誉说：“潍坊十笏园、清水一池、轩榭浮波……北国小园，能饶水石之胜者，以此为最。”他游园后触景成吟：“老去江湖兴未阑，园林住处说般般。亭台虽小情无限，别有缠绵水石间。”

含蓄不尽，引人入胜

园周及入门处，回廊曲桥，紧而不挤。山池开朗，砚香楼屹立，展高下之姿，兼屏障之势。假山侧看成峰，横看成岭，山回路转，帘洞通幽。亭台楼榭，升堂入室，可望可即；疏密有致，曲折有度，借对有法，弛张启阖，两得其宜。绿植幽幽，莲荷竞放，“高高下下天成景，密密疏疏自在花”，左顾右盼，含蓄不尽，引人入胜。

漫步十笏园，园中有园，景中有景，从而使景中有情。充分利用视觉的变换，一方面可突出建筑，如从漪岚亭中看四照亭，一览无余；另一方面可使景物时隐时现，造成“犹抱琵琶半遮面”的含蓄意境。另外对景的利用也恰到好处，十笏园中十笏草堂与四照亭及其周围的山水、竹石、花木等组成完整的对景，中间隔水，遥遥相对。

杂莳花木，比附寄托

十笏园中花草之盛，树木之多，姹紫嫣红，翠绿交映，“风生翠袖，花落闲庭”，不仅在于怡情养性，也不单是点缀陪衬，而是形成园林景色的丰富变化，“以草木畅生之趣、鸢鱼飞跃之机，日夜涵茹于其间，造化生生之妙，其即在一心化裁间乎”，四季景色不同，充满盎然生气。

“所谓养吾胸中之仁，使盎然常有生意者”。

春日草长莺飞，夏日荷芳满池，秋日柿子如玉挂满枝头，冬日雨雪霏霏，依然有苍松修竹。就竹而言，板桥有言：试看一片萧萧竹，画里阶前总绝尘。苏轼所言：宁可食无肉，不可居无竹。充分利用自然条件的变化使游览者产生情感上的共鸣。

“景宜朝夕竹宜影，山自纵横水自流”，不论风雨晦明，十笏园都能景色咸宜，予人不同的美感。如夏日的荷池，冬日的梅影，春日的繁花，秋日的红柿，虽四时之景不同，而景物无不宜人。亦可体味松风听涛，小楼听雨、月移花影、雾失楼台等景致。

“春有百花秋看月，夏沐凉风冬赏雪”，喧嚣城市之中取以安静闲雅之地，漫步于十笏园，一步一景，时移景换，使人心旷神怡。“林间松韵，石上泉声，静里听来，识天地自然鸣佩；草际烟光，水心云影，闲中观去，上见乾坤最上文章”。

此情此景，何须多言，“此中有真意，欲辨已忘言”。有景如此，怎不“令人长忆旧华轩”？

南北精华，共溶共筑

十笏园巧妙地熔南北建筑于一炉，集南北园林艺术于一体。

全园以南面的十笏草堂为起点，将池中的四照亭与北面的砚香楼连在一起，使之贯穿南北，形成一条轴线，从中不难看出北派浑厚平稳的传统建筑构思和营造方式。而自西向东，却又着意构筑以曲为美的意蕴：小园以一条曲折线，将廊、桥、亭、坊、山、路串联并与园内所有景物衔接起来，颇有曲径通幽的南国园林特色，使人游此小园，大有置身于苏州怡园、留园或无锡寄畅园中的韵味。

十笏园体现了南北园林建筑特色。楼堂亭榭，曲折盘桓，山水神韵，湖光山色，体现南方特色；讲究沿着中轴线的左右对称，又有水塘楼台的不对称，为南北结合。

十笏园以荷塘为中心，整个面积不过是两千平方米，但在有限的空间里，能呈现自然山水之美，含蓄曲折，引人入胜。既有南方园林的精致，又体现出北方建筑的特色，可谓我国古典造园艺术中的奇葩，而院内随处可见的青竹、瘦石、诗文、画图，于喧嚣闹市，狭小天地营造出一方净土，“结庐在人境，而无车马喧。问君何能尔，心远地自偏”。真乃一片静心之地。

天人合一，韵味无尽

四照亭上对联说“望云惭高鸟，临水愧游鱼”，非常有诗情画意，达到超然物外、超凡脱俗的境界。建筑已是一种人生理念，十笏园“藏巧于拙，用晦而明，寓清于浊，以屈为伸，真涉世之一壶，藏身之三窟也”。已是古人处世哲学的综合体现。

园中建筑风格的多样，四时景物的变化，加之文化层次的丰厚，构成了十笏园区别于其他小园的独特风貌。

慢慢体味古典建筑艺术，我们为古人的奇思妙想而击节赞叹。中国古人讲究天人合一，而建筑就是这种人生哲学的具体体现，表现自然，合于自然，与自然融为一体。交融中园主人的人生理念融入其中。入世、出世、进退自如、进退两难、苦闷彷徨都在其中暗含。欣赏建筑，其实是在揣度古人，思接千古，与古人对话。而这其实是文化与文化的对话。一部《红楼梦》，众说纷纭到于今；小小十笏园，里面也别有洞天。

二　文人园林——未成小隐聊中隐

十笏园是典型的文人园林。

文人园林作为精神空间，是物境与心境的统一体，它们强调外在形态上的模山范水，但以性情的舒展、心灵的自由为根本，带有不拘形迹的写意之美。

山河大地，日月星辰，总不出汝心——《黄蘗禅师语录》

1. 胸有丘壑园自华——十笏园文人特色

园品即人品。《园冶・兴造论》中论园主："非主人也，能主之人也"，丁善宝生平前文已有详述，此不赘述。

士大夫园林中一山一水、一花一木的构建，无不寄寓和表现着自己人格的理想，如果没有了这种寄寓和表现，园中一切景物也就没有了灵魂，所以辛弃疾才说，"自有陶潜方有菊，若无和靖即无梅"，"花语解语还多事，石不能言最可人"。园中涵咏进一步完善自己人格。

白居易《池上篇》可作为早期文人园林的写照，对后世士大夫造园的指导思想是很有影响的。今录于此：

十亩之宅，五亩之园，有水一池，有竹千竿。
勿谓土狭，勿谓地偏。足以容睡，足以息肩。
有堂有亭，有桥有船，有书有酒，有歌有弦。
有叟在中，白须飘然。识分知足，外无求焉。
如鸟择木，姑务巢安；如蛙居坎，不知海宽。
灵鹊怪石，紫菱白莲，皆吾所好，尽在吾前。
时引一杯，或吟一篇。妻孥熙熙，鸡犬闲闲。
优哉游哉，吾将终老乎其间。

“能诗能画能文，而又能园者，固不自计成始。乐天之草堂，右丞之辋川，云林之清閟，目营心匠，皆不待假手他人者也。与计成同时之造园学家，则有明遗臣朱舜水。舜水当易代之际，逃日乞师，其志未遂。今东京后乐园，犹存朱氏之遗规。明之朱三松、清初张南垣父子、释道济、王石谷、戈裕良等人，类皆丘壑在胸，借成众手，惜未笔于书耳”。

白居易：《中隐》

大隐住朝市，小隐入丘樊。
丘樊太冷落，朝市太嚣喧。
不如作中隐，隐在留司官。
似出复似处，非忙亦非闲。
不劳心与力，又免饥与寒。
终岁无公事，随月有俸钱。
君若好登临，城南有秋山。
君若爱游荡，城东有春园。
君若欲一醉，时出赴宾筵。
洛中多君子，可以恣欢言。
君若欲高卧，但自深掩关。

亦无车马客，造次到门前。
人生处一世，其道难两全。
贱即苦冻馁，贵则多忧患。
唯此中隐士，致身吉且安。
穷通与丰约，正在四者间。

从白居易到司马光，再到计成，直至丁善宝，文人园林的主人或设计者所追求的，就是这样的空间环境：能够在有限的物质形态中创造出可供精神悠游、心灵闲适恬和的“人间闲地”，小小园宅而可以获得冲远自在的乐趣。这是文人园林的意趣所在。

2. 片山多致，寸石生情——十笏园的意会美

“意境作为中国古典艺术的特构，无论是对于诗词、绘画、音乐，还是对于园林乃至盆景的创作来说，都能赋予灵魂，灌注生气，化景物为情思，变心态为画面，使作品近而不浮，远而不尽，意象含蓄，情致深蕴，从而以其特殊的美的魅力，引人入胜，耐人寻思。”

是否强调审美意境的创造，是中国园林和西方园林、中国艺术和西方艺术、中国美学和西方美学的重要的区别之一。

中国古代并无专门的造园家，许多园林都是在文人、画家的直接参与下经营的。这就使中国园林从一开始便带有诗情画意般的浓厚的感情色彩。这之中，尤以绘画对于园林的影响最为直接、深刻。

从某种意义讲，产生园林的先导是绘画。中国园林一直是循着绘画的脉络发展起来的。山水画遵循的最基本原则莫过于“外师造化，内发心源”。正符合中国古代文人居山四法：树无行次，石无位置，屋无宏肆，心无机事。

将近代画家陈衡恪文人画引入文人园林领域，文人园林，

即园林中带有文人之性质，含有文人的趣味，不在园林中考究技术上之功夫，必须在园林中可看出许多文人之感想，以有限的叠山、理水、建筑、花木传达文人的艺术情操、文人的想象、情感，此之所谓文人园林。

明清文人作为园林的所有者，将文人思想渗透到园林的各个方面，是文人思想表现得最为彻底的时候，形成中国园林史上最为典型的“文人园林”，而文人思想讲究意会，片山、寸石皆可生情。

陈从周说，中国园林与中国文学盘根错节，我认为研究中国园林，似应先从中国诗文入手，则欲求其本，先究其源，然后有许多问题迎刃而解。如果就园论园，则所解不深。

3. 诗情画意润满园——十笏园文化大观

书香世家的高雅文化，如阳春白雪滋养十笏园中的诗情画意，碑刻匾额，文人禅机，尽显风流，每一处的建筑，每一个牌匾，楼台亭阁都有诗词，楹联、题跋或者一些碑刻，都是上乘的精品，点缀在壁廊之间。遥想板桥当年，一介文士，诗书画号称“三绝”，扬州八怪之一李鱓写的对联，“于心有不厌，即事多所欣”，金石学家翟云生临摹的韩愈当年写得“鸢飞鱼跃”，桂馥所写“涛音”，潍县金石学家陈介祺写的“无数青山拜草庐”，还有曹鸿勋、王寿鹏的书法，与山水台榭，自然之美，相互映衬，不论内容还是书法俱是精品。建筑如“稳如舟”，依山而泊，让人联想到如大海的波涛，闻到它的涛音。目光所及，空间所想，艺术的魅力无穷。

文人园林，典雅为先，所以俗人强为之，叫附庸风雅。《二十四诗品》典雅，亦是园林写照：

玉壶买春，赏雨茅屋。坐中佳士，左右修竹。白云初晴，幽鸟相逐。

眠琴绿荫，上有飞瀑。落花无言，人淡如菊。书之岁华，其曰可读。

徐渭《煎茶七类卷》也是明清文人园林的写照：

雪后寻梅，
霜前访菊，
风外听竹，
文人深趣，
读书如溪，
洒然而往；
净几明窗，
一轴画一囊琴，
一瓯茶一炉香，
一部法帖；
小园幽径，
几丛花几群鸟，
几区亭几拳石，
几池水几片闲云。

如果讲究渊源，可参宋代司马光《独乐园》，领略文人园林的深趣：

孟子曰："独乐乐，不如与人乐乐；与少乐乐，不若与众乐乐。"此王公大人之乐，非贫贱所及也。孔子曰："饭蔬食饮水，曲肱而枕之，乐在其中矣。"颜子"一箪食，一瓢饮"，"不改其乐"。此圣贤之乐，菲愚者所及也。若夫鹪鹩巢林，不过一枝；鼹鼠饮河，不过满腹。各尽其分而安之，此乃迂叟之所乐也。

熙宁四年迂叟始家洛，六年买田二十亩于尊贤坊北关，以为园。其中为堂，聚书出五千卷，命之曰“读书堂”。堂南有屋一区，引水北流，贯宇下。中央为沼，方深各三尺。疏水为五派，注沼中，若虎爪。自沼北伏流出北阶，悬注庭中，若象鼻。自是分而为二渠，绕庭四隅，会于西北而出，命之曰“秀水轩”。堂北为沼，中央有岛，岛上植竹。圆若玉玦，围三丈，揽结其杪，如渔人之庐，命之曰“钓鱼庵”。沼北横屋六楹，厚其牖茨，以御烈日。开户东出，南北列轩牖，以延凉飔。前后多植美竹，为消暑之所，会之曰“种竹斋”。

沼东治地为百有二十畦，杂莳草药，辨其名物而揭之。畦北植竹，方若棋局。径一丈，曲其杪，交相掩以为屋。植竹于其前，夹道如步廊，皆以蔓药覆之。四周植木药为藩援，命之曰“采药圃”。圃南为六栏，芍药、牡丹、杂花各居其二。每种止植二本，识其名状而已，不求多也。栏北为亭，命之曰“浇花亭”。洛城距山不远，而林薄茂密，常若不得见。乃于园中筑台，构屋其上，以望万安、轩辕，至于太室。命之曰“见山台”。

迂叟平日多处堂中读书，上师圣人，下友群贤，窥仁义之原，探礼乐之绪。自未始有形之前，暨四达无穷之外，事物之理，举集目前。所病者，学之未至，夫又何求于人，何待于外哉！志倦体疲，则投竿取鱼，执衽采药，决渠灌花，操斧剖竹，濯热盥手，临高纵目，逍遥相，唯意所适。明月时至，清风自来，行无所牵，止无所柅，耳目肺肠，悉为己有，踽踽焉、洋洋焉，不知天壤之间复有何乐可以代此也。因合而命之曰“独乐园”。

或咎迂叟曰：“吾闻君子之乐必与人共之，今吾子独取于己，不以及人，其可乎?”迂叟谢曰：“叟愚，何得比君子？自乐恐不足，安能及人？况叟所乐者，薄陋鄙野，皆世之所弃也，虽推以与人，人且不取，岂得强之乎？必也有人肯同此乐，则再拜而献之矣，安敢专之哉!”

全文照搬司马光《独乐园》，颇费踌躇。篇幅太长，一也；好似与本节内容关联不大，二也。最终还是难以割舍，何则？在外人，不管对园林如何评价，都不会对园主人造园初衷有什么影响。园主人初心，不外乎赏心悦目，养身养心，作为寓形之所。所以，所有园林对于园主人而言，都是独乐园。“悠然心会，妙处难与君说”，十笏园也可以说是丁善宝的独乐园。基于此，司马光《独乐园》是另外一种形式的十笏园记。因此，全文献上，诸君细品。

文人园林要“可行可望”，更要“可游可居”，最重要的是“养身养心”，丁善宝“不仕而家居”，诵诗读书，怡然自乐，“云霞荡胸襟，花竹怡情性”。可以想到园主坐于亭中，纸砚铺地、弹琴读书、闲看云起日落、感慨时光流逝的悠然闲愁之心。园主于此朝诵礼乐诗书，夕览群史百氏，乐而不疲，笑叹功名利禄均“不足以易吾乐也”。

“春风桃李花开日，秋雨梧桐叶落时”，走在文人墨客走过的路上，心情也在慢慢浸润着古人的遗风，在一个世俗的世界里，每个人是不是也要构筑一方既脱俗又能聊避风雨的天地呢？唐人诗云：借问路旁名利客，何如此地学长生。怡情悦性，岂不是长生之所。面对如此美景，岂不是要“且欲近寻彭泽宰，陶然共醉菊花杯”？

其实，“机息时便有月到风来，不必苦海人世；心远处自无车尘马迹，何须痼疾丘山”？

三　思想底蕴——山水混溶儒释道

和其他艺术一样，决定园林艺术的仍是思想内容。它不但决定一个园林的主题，同时也决定景象的结构。十笏园孕育于中国传统文化的母体，基因里带着儒释道的特质。

中国士大夫山水园林之好可远溯到汉魏两晋南北朝时期，东汉豪强地主的形成、魏晋士族门阀制度的确立、频繁的社会动乱、儒教势力的渐衰、本土宗教的兴盛和外来宗教传入所引发的士人自觉都使山水园林之好大行。关于此题，余英时所论甚详："汉晋之际士大夫论人生思想之文甚多，然罕有如公理《乐志论》之详尽透彻，足为典范者。此论虽颇简略，但就内心自觉之观点言，其中所涉及之问题甚多，今析而论之，约有数端：1. 避世思想；2. 养生与老庄；3. 经济背景；4. 山水怡情；5. 文学与艺术。"这也可以看作对山水园林兴盛原因的基本概括。魏晋以降，佛教大兴，"天下名山寺占多"，余英时先生论玄儒问题，曰："魏晋南北朝之士大夫尤多儒道兼综者，则其人大抵为遵群体之纲纪而无妨于自我逍遥，或重个体之自由而不危机人伦之秩序也。"又曰：汉代以后，宋明理学之前，"儒学性命之学未弘，故士大夫正心修身之资，老释二家亦夺孔孟之席……"这可以说是从宗教角度解读魏晋士人放浪山水的思想根源。宋以后，随着科举制度的兴盛，由科举入仕而形成的士人集团出入于庙堂和江湖之间，游刃于儒佛道之际，山水园林成为最好的寄心之所，直至科举制的寿终正寝；而随着工商业经济的发展，遵循"以末致财、以本守之"的商人将资本注入山水园林之好，也促进了园林的兴盛。李泽厚有言，"庭院深深深几许"，大概随着晚期封建社会中经济生活和意识形态的变化，园林艺术日益发展，显示威严庄重的宫殿建筑的严格的对称性被打破，迂回曲折、趣味盎然、以模拟和接近自然为目标的建筑美出现了……这种以整体有机布局为特点的园林建筑，却表现着封建后期文人士大夫更为自由的艺术观念和审美思想……实际上，它是以玩赏的自由园林（道）来补足居住整齐的屋宇（儒）罢了。

1. 儒家底色

十笏园是丁善宝私人园林，丁善宝生平所学、所遇、所思、所想，都生生地印在了十笏园的构造里。作为士绅阶层，责任是与生俱来的。当你承继家族庞大家业的同时，责任的重担也扛在了肩头。

一方面外面奋进劳累，希望在家中有一个超凡出世的冥想空间；但另一方面也还会寄托他们读圣贤书几十年养成的天然情绪，比如强烈的社会感情，有时他们不能逍遥，虽躲进小园，短暂独善其身，享受心灵宁静，但儒家思想崇尚担当的底色尚存。

宋代理学诞生，儒学从政治取向转向社会取向，由针对士大夫转向社会大众，化儒学为宗教。儒家影响的是中国园林的布局经营和营造目的。

儒家的山水观强调以山水之性来寄托或观照人格之本，儒家提出的“仁者乐山，智者乐水”，“天寒知松柏之后凋也”，强调人和自然的可比性。观赏山水想到其间所蕴含的人格意味，高山体现出人格的崇高，大水体现出胸怀的坦荡，而青松翠柏则表现出一种高风亮节的品格。

儒家讲秩序，在空间秩序、布局雕刻、山水造型上法度庄严。十笏园中轴线即是体现。坐北朝南，东西两厢，虽不刻意，不离法度。

2. 道家风骨

道家的“人法地，地法天，道法自然”和庄子“天地与我并生，万物与我为一”，进入天人合一的境界。

道家就影响着景观技法和园景气质，园林的山水石木、梅兰竹菊，亭榭景观，与道家气质最为吻合——道法自然。树无行次，石无定位，山有朝揖之势、水有萦绕之情。以竹林七贤、陶渊明的《桃花源记》为代表，“竹径”、“桃林”等植景意象成为后世文人园林中表达游仙思想的载体。文人园皆植“岁寒三友”，实现了自然的人化与人化的自然之统一。老庄山水强调山水之性与自我之性的完全融合，在自然里安放自己的精神。

3. 儒道互补

老庄的“自然”观与儒家的“比附”观都是在道的范畴内产生的。

园林山水既体现儒家之道，又蕴含老庄之道，寄情于山水，既有仁智之乐，又能“澄怀味象”，洗心养性，乐志山林，共在修心养性，而修心养性又是为了更好地悟究“道”。孔孟老庄之道共融于自然山水一身，使山水内涵更为博大精深。

4. 文人禅境

释家在园林的感觉上，是明显的禅意，简朴清宁，是精神的园林、修炼的园林。

宋以后，修禅养性已成为文人士大夫普遍的文化现象了。文人们以禅为诗，以禅为画，以禅入园境，禅成为他们人生情趣和心灵寄托的最佳表现方式。

以一种普化了的审美心理和艺术精神扎根于文人士大夫的生活中，“日用而不知”。园林中禅佛性质景点的普化便是一个极有说服力的例子。园林命名与文字禅多有关系，园林提名成为深化园林意境的重要手段，碧云斋取禅家闲适之意。

受禅宗影响，以淡泊隐逸为园林的思想境界，景象创作多以诗、画提炼的主观化的自然为蓝本。

5. 三教混融

魏晋南北朝以后直到现代社会，中国人的生存哲学也一直受着儒释道文化的影响。余英时说，16 世纪以来，儒学转向包括了宗教化的途径，而与释、道两教合流，这是一个特别值得注视的现象。

据于儒、依于老、逃于禅——十笏园的气质

中国古代园林既然由文人、画家所代庖，自不免要反映这些人的趣味、气质和情操。这些人中，作为士大夫阶层，无疑会受到当时社会哲学思想和伦理、道德观念的影响。中国古代的哲学思想不外出于三家：即儒、道、佛。儒家思想比较重现实，它不但为历史上统治阶级所看重并借以安邦治国平天下，而且也为一般庶民奉为伦理道德的准则和规范。士大夫阶层对此则表现得更为虔诚。而儒家思想的一个重要特点则是重人伦而轻功利，这就是说是以情和义为基础的。以老庄为代表的道家思想，虽然立论不同，但与儒家学说并无尖锐冲突。此外，它在崇尚自然、追求虚静、逃避现实和向往一种原始自然状态的生活方面，似带有更浓厚的浪漫色彩。佛教虽然从印度传入中国，但一经与中国固有的文化融合后，便带有浓厚的民族色彩。再说，它所宣扬的“因果报应”、“三世轮回”等教义和追求“清静无为”、“息心去欲”等境界，则和老庄思想如出一辙。

凡此种种，汇合在一起便塑造出一种文人园林所特有的恬静和淡雅的趣味，浪漫飘逸的风度和朴质无华的气质和情操。那是，在士大夫的圈子内，多不以高官厚禄或荣华富贵为荣。

相反，确有一些文人雅士避凡尘、脱世俗、遨游名山大川以寄情于山水。这些，或许正是造就中国园林独特风格的生活基础和思想基础。

儒家讲求入世，佛家追求出世，“释氏随缘，吾儒素位”，道教以长生为目标。明朝李贽有一个通俗的说法，说人都贪生、怕死、想当官，这也是为什么中国人混溶三教的原因。话糙理不糙，处于传统文化熏染中的士绅阶级很难脱身于外。

润物细无声，在三者的潜移默化下，在园林建筑里都有表现，十笏园也莫能外，有一种儒释道融合的精神气质。

品味十笏园，是享受儒家的气象、道家的自然、释家的禅修，这是一体的。私人园林偏道家，但更多是儒释道的融合。

治世、养身、养心——十笏园的疗效

整个十笏园园林建筑群总体上来看还是北方传统营造法式，讲求对称，主次分明，是儒家文化浸染的结果。刻意营造的文化氛围，无外乎万般皆下品，唯有读书高的传统观念。高大的牌坊，高悬的进士第的匾额无不是儒家事功的表现。虽以商起家，却广置土地，以本守之。富而求贵，积极入世，投入科举。交接官府，投身政治，是儒家文化的影响，更是商贾世家不自信的表现。园以小名，金以库藏，约示后人，救济贫寒，是一种自觉，更是一种高处不胜寒的写照。成也儒家，败也儒家，其误经济多矣。因此，十笏园的景色以外，包含的是一种传统，是一种至今仍然剪不断，理还乱，欲说还休，欲罢不能的文化积淀。是也？非也？恐怕还将争论下去。仁者见仁，智者见智，能有自己的认识也不枉游园一场。

富商大贾富而造园，达官贵人退而悠游林下，其实功用是一样的：寻找一块修心之地。山水林泉、诗文书画皆为静心的良药。天下名山寺占多。为何和尚修心都在风景秀丽之地，他们不是讲求四大皆空吗？其实四大皆空那是修行达到的一种境界，修行之初还是需要一种环境来辅助，一方面远离尘世的干扰，一方面景色也可使人暂忘人间。丁善宝在其《十笏园记》中说自己中年多病，筑园以为养静之所，实则富人之病，不纯则身体之病，多为心病，因此，养病即养心。“水不波则自定，鉴不翳则自明。故心无可清，去其混之者而情自现；乐不必寻，去其苦之者而乐自存”。文化名流的雅集，更是一种心力的释放。一山一水，一觞一咏，足以畅叙幽情，胸中块垒，不吐不快。人游园中，人是动的，山水是静的；山水容纳人的倾吐，也就见证了历史。物我两分立，物我两相宜。佛家治心，心在何处？此心安处是吾乡。

儒家事功，要求人达到一定的地位，以取得一种物质保障；佛家治心要求人保持一种心境；在这两者之上以求得人生的延续。农、工、商并举能保持家业的兴旺，簪缨不绝能保持家庭的荣耀，园中景色足以悦人心目，那还追求什么？永葆青春享受现实的幸福。这是道教的追求。遍游园中，儒家的教训、佛家的故事随处可见，似乎没有道家的影子，其实，看不见得也就是无处不在的，他隐藏在人心的最深处。“读易晓窗，丹砂研松间之露；谈经午案，宝磬宣竹下之风”。在富贵之家只是平常。鲁迅曾说，中国文化的根底全在道教。儒家、佛家的背后有道家的影子。

妙处难与诉，物我两相忘——造园家的向往

对神仙境界的向往也是文人挥之不去的心结，士人早期隐居山林、寻仙访道，渴望找到世外桃源；后世营建城市山林，把“游仙”理想通过园林景象的象征作用表达。造园家通过在园林中对游仙意象的营造完成从“游园”到“游仙”的

转化。

其实，“家庭有个真佛，日用有种真道人，能诚心和气、愉色婉言，使父母兄弟间形骸两释、意气交流，胜于调息观心万倍矣”。

第五章　雪泥鸿爪——十笏园的名流遗韵

《潍县志稿·营缮·园亭》：达官名士，骚人墨客，过潍县者，无不以得游斯园为幸。

一　诗酒流连地

文人园林不仅是休养生息的幽居场所，也是交友集会的社交场所。赏花品酒固然有雅趣，然能随花赋诗则是趣中之趣。赋诗、题词、命名、记园记等文学性活动是园林花事雅集必不可少的环节。园林中的赏花吟咏活动在一定程度上也是为了扩大交际范围，提升社会声望。十笏园建成后，潍县名流云集，诗酒流连，佳话连连。择名流摘录如下：

曹鸿勋（1846 年 2 月 3 日～1910 年 9 月 9 日）字仲铭，又字竹铭，号兰生，清光绪丙子状元。潍县（今潍城区）西南关新巷子人。1873 年（同治十二年）拔贡，朝考一等一名，派往刑部任七品京官。1876 年（光绪二年）中状元，授职翰林院修撰。他擅长书法，首都故宫、颐和园、东华门、西华门、大栅栏等处都有他的墨迹。家乡有《重修玉清宫碑》（俗称四面碑）、《十笏园记》等石刻传世。十笏园中四照亭、砚香楼和春雨楼匾额均为曹鸿勋所题。

王寿彭（1875 年 4 月～1929 年 7 月）字次籛，清末状元，山东大学创始人之一，潍县（今潍城区）西南关人。1903 年（光绪二十九年）连捷进士第一名中状元，授翰林院修撰。1905 年（光绪三十一年），他随载泽、端方五大臣被派赴日本考察政治、实业、教育等，回国后写了《考察录》一书。1925 年任山东省教育厅长。次年改组山东省立农、工、矿、医、法、商六个专门学校为省立山东大学，又增设文科，他兼任校长。他工书法，时人以得其片纸只字为荣。当年“山东大学”的校牌即其所书。在家乡留有不少墨迹，以楹联、匾额、题扇居多。

张昭潜（1829～1907 年），是潍县东关人，弱冠入庠，精读与博览结合，兼综并蓄，成为潍县继韩梦周、于祉之后古文派学者。影响了一代学子，成为晚清的著名史学家。他熟知先哲诸多逸闻轶事，又考证文献史籍，写成《北海耆旧传》，文笔高雅、史料翔实，裁量得当，记述严谨。张昭潜平日与潍上学者柯劭忞、宋书升、孙葆田、高鸿裁等人，潜心学术研究，过从甚密。

光绪二十九年，张昭潜重游十笏园，触景生情，曾吟诗《重游十笏园》。十笏园的曲廊北墙上，镶嵌一块石刻，国内外游人无不驻足观赏，上面镌刻着张昭潜撰文《十笏园记》，为清末状元曹鸿勋书。

陈介祺（1813～1884 年），中国清代金石学家。清吏部尚书陈官俊之子。字寿卿，号簠斋，晚号海滨病史、齐东陶父。山东潍县（今潍城区）城里人。1835 年（道光十五年）中举人，1845 年（道光二十五年）中进士。酷爱金石文字的搜集与考证。他不惜巨资搜集文物，仅三代、秦汉古印一项，就有 7000 余方。1850 年（道光三十年），他在家乡潍县城内旧居建成“万印楼”一幢。他鉴精藏富，治学严谨，多有创见，与江苏学者潘祖荫被并誉为“南潘北陈”。他收藏的文物青铜器最多，其中的毛公鼎，驰名中外。他藏有商、周古钟 11 件，取其整数，因而“万印楼”又称“十钟山房”。又因集有三代及秦汉印7000余方，名其楼曰“万印楼”。

“子介祺，道光二十五年进士，官编修。咸丰中，助军饷，加侍讲学士衔。后在籍治团练，守城，赈饥，赐二品顶戴。介祺绩学好古，所藏钟鼎、彝器、金石为近代之冠。”——《清史稿》

陈介祺与曹鸿勋

曹鸿勋家境贫穷，但天资聪颖，读书进取，字也端方清秀，立志走科举之路，因缘际会，跌遇良师，其中从陈介祺受益良多。陈氏爱才，因书法见曹氏而倾心，收之为徒，后又收为义子。得益于陈家优越的读书条件，曹鸿勋学业精进，科举顺遂。光绪二年（1876年），他以一甲一名及第，高中状元。“陈介祺慧眼识千里（马）”，成为学界的一段佳话。

潍县状元胡同

潍县自古文风盛，
举人秀才多满城。
一条胡同两状元，
曹鸿勋和王寿彭。

曹鸿勋和王寿彭，都是潍县（今潍城区）西南关新巷子人，时隔二十几年先后高中状元，成就状元胡同。状元胡同无存，十笏园墨迹留香。

名人是非多。王寿彭高中，坊间即有传闻，说因名得益，因为“王者寿比彭祖”，至慈禧凤颜大悦。功名之际，耳热心跳，难以户说；众口铄金，足矣销骨，淡定亦难。王氏有诗明志：

有人说我是偶然，

我说偶然亦堪难。
世上纵有偶然事，
岂能偶然又偶然。

二 鲁东文化圈

从丁善宝建园到其哲嗣丁毓赓、孙子丁叔言、丁锡田，祖孙三代皆以诗书传家，十笏园也因此成为东莱文人雅士会集活动的中心。当时潍县文化名宿如宋书升、刘抡升、郭杭之、丁良翰、陈恒庆、张昭潜、梁文灿、丁启喆、安丘诗人王瑞麟、平度文人白永修、高密文人傅丙鉴、侨居潍县的胶州柯劭忞、荣成孙葆田等等，都是十笏园里的常客，他们辗转交接，以文会友，以园为文，文事书画，一时成为潍县乃至鲁东文坛盛事。

物以类聚，人以群分。以十笏园为中心的老潍县文人大多不慕荣利，潜心学术，隐隐形成一个格调一致的文化圈。“诗万首，酒千觞。几曾着眼看侯王。玉楼金阙慵归去，且插梅花醉洛阳”。如切如磋，如琢如磨，在十笏园每一次雅集，都加重十笏园文人园林色彩。

晚清名人康有为曾下榻十笏园，留有题咏；近现代文化名人王统照，因姻亲关系，经常留宿十笏园。名园名人相得益彰，十笏园也随之蜚声大江南北。

丁善宝自撰园记，张昭潜又记之。此外题咏甚多，白永修、傅丙鉴诗，王瑞麟词最佳，而康有为留题尤不易多得。

平度诗人白永修

赤栏桥畔水亭西，
亭下微风飏钓丝。

荷叶染衣花照眼，
令人错认铁公祠。

五律二首

孰谓居城市，余中少阮籍。
岫高横原野，桥曲架回溪。
曲榭宜投钓，闲亭要举觞。
园抽新笋密，地引早荷凉。

旷朗林皋色，沉冥木石居。
暝回檐际雀，晴跃叶南鱼。
洞口云峰古，廊隅石刻新。
不妨东道主，还爱咏诗人。

安丘诗人王瑞麟《沁园春》

咄嗟先生，胸次萧然，高不可阶。记长安走马，花前叠韵，春江转舵，月下衔杯。归卧故山，北窗高枕。城市山林何异哉！出余绪，把填胸丘壑，妥帖安排。

三弓隙地拓开，尽子久（陈恒庆）、云林费剪裁。有方塘半亩，镜湖潋滟，曲榭留云，清泉戛玉，野草闲花手自栽。萧闲甚，是看山已足，五岳归来。

注：元代画家黄公望，字子久。《园冶》卷三“选石”中的一句话：“小仿云林，大宗子久”。《园冶注释》的译文是“小型山，可仿倪云林的稿本；大型山，应学黄子久的笔法”。云林——元·倪瓒之号。书中出现了两个与“云林”有关的人物，一位是倪瓒（元代画家，号云林居士、云林子、云林散人），另一位是杜绾（北宋人，号云林居士，著有

《石谱》，后世称《云林石谱》），到底是指哪一位“云林”？

从“小仿云林，大宗子久”，可知这个“云林”指的是倪瓒。第一，这里说的画风，“云林”应是画家（倪瓒是画家，而杜绾未知是否画家）。第二，倪瓒与黄公望、王蒙、吴镇为“元季四家”，所以放在一起排比，应是合情理的。（读王瑞麟词，好长时间对“子久云林费剪裁”颇多费解，后读《园冶注释》，浏览“安康张羽——追光逐影1994”的博客方才了然。恐有与我有类似经历者，故缀于此，但愿多此一举。）

傅丙鉴（高密傅丙鉴绍虞先生，胶东诗人也，与平度董锦章，白澄泉，潍县郭果园齐名，时称胶东四大诗人）

《归自潜杜忆游十笏园风景》

十笏园中日月长，烟林庵画读书堂。
风来野竹留空翠，雨后山花媚夕阳。
蜗篆学书仍古雅，蝉吟无律自轻狂。
一从别后遥相忆，梦里遥闻宿酒香。

陈从周《说园》

老去江湖兴未阑，园林佳处说般般。
亭台虽小情无限，别有缠绵山水间。

康有为

峻岭寒松荫薜萝，芳池水面立红荷。
我来桑下几三宿，毕至群贤主客多。

光绪二十九年（1903年），张昭潜重游十笏园，吟诗并写

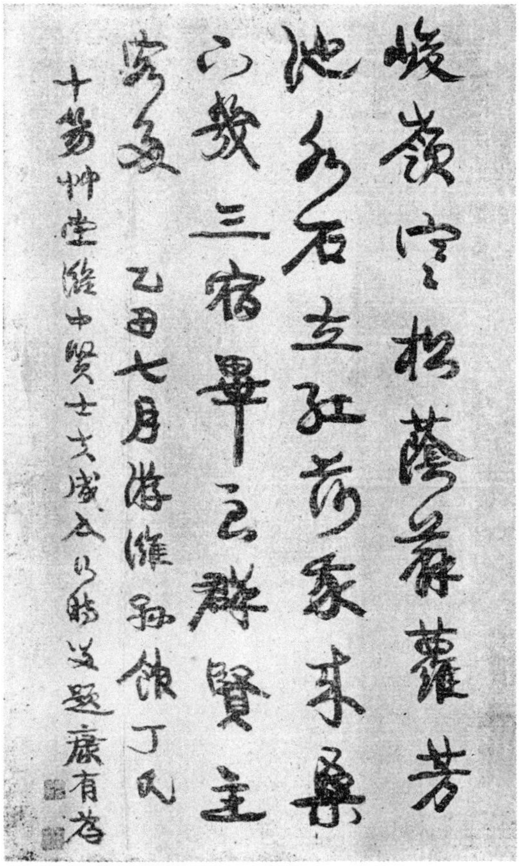

南海康有为题十笏园诗

有跋文：

十笏园者，吾友六斋丈所萁园也。余为作记。殿撰曹仲铭为书石，碑刻既成，六宅寻殁世，屈指已十有九年矣。余老病家居，累年不出户庭。今其孙锡彭以父星甫（丁毓庚）命来问字，邀余一过其园。曲径通幽，莲池竞艳，载读圣碑，不胜今昔之感，为题绝句四首：

十笏园中续旧游，扶今感昔岁如流。
莲池曾识故人面，水傍清波盟白鸥。

碑文重读意怆然，流水高山忆往年。
无限鸢鱼飞跃意，老人今复上诗笺。

出水荷擎竞放葩，栏杆尽处护篱笆。
方塘开到几千朵，不染纤尘君子花。

知交三世世间希，淡水情怀与古期。
满径清风故人竹，而今挺特长别枝。

三　业内盖棺定

著名古建筑学家潘谷西教授誉之为“鲁东明珠”。

陈从周先生在其《说园（四）》一文中评价到：“潍坊十笏园，园甚小，故以十笏名之，清水一池，山廊围之，轩榭浮波，极轻灵有致。触景成咏：老去江湖兴未阑，园林佳处说般般。亭台虽小情无限，别有缠绵山水间。北国小园，能饶山石之胜者，以此为最。”

《中国名园》：

> 十笏园是一个精巧得像水石盆景的小园，占地两千多平方米，内有溶溶水石，楚楚楼台，其构思之妙，足为造小园之借鉴。
>
> 十笏园建于清光绪十一年（1885 年），原为丁善宝的园林。笏即朝笏，古代大臣朝见君王时所用，多以象牙制成，因园小巧玲珑，故以十笏名之。中国园林命名常存谦逊之意，如近园、半亩园、芥子园等皆此类。
>
> 园中以轻灵为胜，东筑假山，面山隔水为廊，廊尽渡桥，建水榭，旁列小筑，名稳如舟。临流

有漪岚亭。池北花墙外为春雨楼，与池南倒座高下相向。

亭台山石，临池伸水，如浮波上，得水园之妙，又能以小出之，故山不在高，水不在广，自有汪洋之意。而高大建筑，复隐其后，以隔出之，反现深远。而其紧凑蕴藉，耐人寻味者正在此。

小园用水，有贴水、依水之别。江苏吴江同里汪氏退思园，贴水园也。因同里为水乡，水位高，故该园山石、桥廊、建筑皆贴水面，予人之感如在水中央。苏州网师园，依水园也，亭廊依水而筑，因水位较低故环池驳岸作阶梯状。同在水乡，其处理有异。然则园贴水、依水，除因水制宜外，更着眼于以有限之面积，化无限之水面，波光若镜，溪源不尽，能引人遐思。“盈盈一水间，脉脉不得语”，古诗十九首中境界，小园用水之极矣。

造大园固难，构小园亦不易。水为脉络，贯穿全园，而亭台山石，点缀出之，概括精炼，如诗之绝句，词中小令，风韵神采，即在此水石之间。北国有此明珠，亦巧运匠心矣。

四　名流纷沓来

名园名人，相得益彰。而民国以降当政要人与十笏园的关系却是其生存的关键。我们来历数一下与十笏园有关的名人吧：

1. 清季十年诗酒风——回光返照

鲁东文化圈的文人雅会之所，前已叙，不复赘言。

2. 民国时事走马灯——乱世家园

1916 年，中华革命军东北军总司令居正来潍指挥讨袁战争时，曾在十笏园下榻。

1930 年，山东军阀韩复榘将作战总指挥部迁至十笏园，时间长达一个多月。

1933 年，潍县县长厉文礼居住在十笏园。1943 年，厉文礼战败被俘后投靠日寇，任伪“鲁东和平建国军司令”，仍住在十笏园。

1937 年“七七事变”以前，韩复榘部七十四师师长李汉章曾连续数年驻扎在十笏园。

1938 年潍县沦陷，被日寇占领，伪潍县知事常之英，占据丁四宅的一个院落安家。

3. 人民政府加青眼——政府驻地

1951 年，潍坊市重新设立，为县级市，隶属于昌潍专区。包括十笏园、丁四宅、丁二宅、关侯庙、孔相祠在内都成为潍坊市领导机关的办公及机关服务场所。潍坊市自此也开始了对十笏园的文物保护工作。

1955 年，全国政协副主席、最高法院院长董必武在工作途中专程到十笏园回廊观赏郑板桥的竹兰图石刻，并称赞潍坊市有文物保护意识。

1958 年，潍坊市确定十笏园为市级重点文物保护单位。

1975 年，潍坊市领导机关从十笏园园林建筑群及部分丁四宅建筑中迁出，十笏园园林建筑群基本保存如初。

1978 年，山东省政府确定十笏园为省级重点文物保护单位。

1988 年，国务院确定十笏园为全国重点文物保护单位。

4. 改革开放始归宗——文博家园

1978 年，潍坊市博物馆建馆于此，成为博物馆文物陈列地。

2007 年，潍坊十笏园博物馆成立，建馆于此。

政治人物、政权机关是十笏园得以保存的关键，而丁氏才俊、文人墨客对十笏园的扬名，也客观上起到了一种保护作用。

祖功宗德流芳远，瓜瓞连绵竞争春——题记

第六章　代有才人——几百载潍上丁家

一　乐善好施定家风——丁克成

丁克成，字泽远，捐职督察院都事，善治生，资雄一邑，布衣蔬食若寒素，见义则推解不吝。嘉庆壬申，大饥，捐巨金施粥，全活万家。道光丁亥，邑歉收，设赈若按，分族中贫者。城东石桥坏，倡修之。丙申，又大饥，克成督诸子施粥，染疾，殁。谓次子廷选曰："城者，一乡之卫，今多坍塌，癸酉，余曾任修筑，仍未完整，今恐志不逮，汝当捐千金以成吾志。"丁未，廷选遵遗嘱行。东抚陈奏闻，奉旨建"急公好义坊"。

克成未娶时，妇翁言女已瞽，请他聘，克成执不可，卒迎归，相敬如宾，里党咸高其义。

二　四兄弟定鼎潍县——丁廷珍

丁廷模，字伦楷，克成长子，进士，官工部都水司郎中。袭父荫，家素丰，好施与，戚、族中贫不能学者，为延师，具膏火，其婚、嫁、丧、祭不能办者，助以资，老病无依者给以米，一时内外亲待以举火者常数十家。岁除日，计余粮，尽以分给邑中贫农。道光丙申，以养亲假归，值邑大饥，捐三千金设粥厂，放签放饭皆身亲之，春末，疫大作，厂中病死相枕藉。乃舍药饵，施棺木，日无暇晷，竟以积劳染疫卒。知县李上其事，由疆吏闻于朝廷，建坊。庚戌，知县何以行谊上祥，奉旨入祀乡贤祠，乡人谥曰“文惠”。

丁廷选，字聘三，号伦堂，克成次子，附贡生，候选同知。慷慨好义，公益事必偕兄弟首先捐助，人咸称善承先志云。

丁廷举，字慕诲，克成三子，京闱举人，官刑部主事，进兵部郎中，以亲老归养里中。凡有义举，罔不捐资助之。又设义塾，延师教贫人子弟，尝曰：“子弟不知俭，则无以惜福。若有财而吝于义，是拥群众之饥寒而以为厚资，亦何忍乎？且非吾先人留遗意也。抑人之成立，必以学，设塾则人知向学，傥有因此成立者，相引日多，我子弟异日见之，庶知学不可废而生愧励焉”。值岁歉，施粥济饿者。

丁廷珍，字致堂，克成四子，例贡刑部郎中。道光丙申，潍饥，偕兄弟捐资煮粥，活人无算。东城外有万年桥，俗名大石桥，登莱通衢，旧用西山石，石脆易坏，廷珍以父尝修之，欲克竟其志，乃易以平度东山白石。平度去邑远，运费钜，廷珍独任之，且敕子孙世任修砌。咸丰辛酉，太平军来，廷珍先事倡议捐资，筹防督造守御器械，凡七年，不辞劳瘁。县令张每语人曰：“办团练如丁司牧者，高枕可也。”光绪丙子，大饥，子善宝、善庆、善长遵遗命，输金捐赈，东抚文奏，请建乐善好施坊。

三　三兄弟发扬光大——丁善宝

丁善宝，字黼臣，号六斋，咸丰壬子，善宝输巨款以助军饷，恩赏举人，授内阁中书。通籍后仍不废学，尝患士子业贴括者多偭越规矩，手订先正文十二种梓以式多士。家本素丰，承先志勇于为善。尝创修先祠，费至逾万金；又与诸弟议置祭田九百余亩，禀官存案，使子世守之。光绪丙子，岁大饥，出粟煮粥活万余家。邑有建置，辄为倡首。邑中文武各童入儒学时，每因贽礼棚规负债遗累，思有以庇寒士，临殁，遗嘱其子，储巨赀发商店生息，每科岁试，以息钱为诸生贽礼费，禀官存案，永永遵守。子毓庚行之，士林皆感德不忘。殁年四十七。民国十年入乡贤祠，乡谥“端敏”。

丁善庆，字寿臣；丁善长，字心臣，均精绘事，师事掖县张士保，善庆尤雅好博古。

四　家风绍继敦孝友——丁毓庚

丁毓庚，字星甫，丁善宝二弟善庆之长子，出嗣丁善宝为子。其绍继祖风，和睦兄弟邻里，乐善好施，修桥筑路，捐资立学。

他创办了继志高等小学堂，同时出资捐款作为学校的开办费用，丁氏继志高等小学是潍县最早的私立学校。后来他还出资将丁氏“义学”改为丁氏第二（群化）小学。

其将十笏园作为鲁东诗文名家集中活动的场所，诗酒吟咏，创作大量的诗文佳作，十笏园知名度在其手里大增。

其注重收集历代名家书画，保存金石文物。

豪门多轶事，留于闾阎话短长。据传称，丁毓庚续娶孟氏夫人时，孟氏出嫁时的妆奁摆满了胡家牌坊一条街，而丁毓庚为娶这位富家小姐，举办新婚典仪用了五千大洋。

五　耽于学问无遗力——丁锡田

丁锡田（1893～1941 年），丁毓庚四子，字倬千，号稼民，潍县著名文史学家和文献收藏家，是禹贡学会会员，与史地学家交往甚密，一生致力于乡邦文献的收藏、整理，收集、整理并编纂了很多的地方史志，对地方历史文化贡献巨大。

刊印成书的有《潍县文献丛刊》3 卷、《小书巢》2 集，以及《十笏园丛刊》、《习盦丛刊》、《韩理堂先生年谱》、《后汉郡国令长考补》（被纳入开明书店出版的《二十五史补编》），此外还有个人著作《稼民杂著》、《崂山记游》、《赴燕记游》等。

收藏有史、志和文艺等各类图书，种类全、数量多、品位高，仅收藏珍本书籍就多达几千册，山东旧制 108 县的各种版本的县志几乎全部收全了。民国版本的《潍县志稿》，是潍县有志以来内容最全、最详细、最准确的一本志书，《潍县志稿》中的"氏族志"、"职官志"、"职官表"等，便是他将平日所辑加以补充整理而成的。

"藏而不传与同未藏"，他是这么说，也是这么做的。一方面，整理、归类、汇集、校勘、编辑，一方面出资刊印，以飨世人，潍县文史有赖丁君多矣。郑板桥《潍县竹枝词》赖其发掘整理，"三更灯火五更鸡，玉脍金齑满市楼。云外清歌花外鸣，潍州原是小苏州"至今传唱。

丁锡田不同其兄，具有强烈爱国思想和民族气节。潍县沦陷后，日军几次胁迫他主持编纂潍县县志，他虽然热爱志书，但是决不当汉奸为敌人做事，于是百般拒辞。

1948 年后，其子女将全部书籍捐献给了国家，其中他潍城家中的书籍全部捐赠给了当时的潍坊特别市图书馆，现藏于山东省图书馆，共计 2894 种 23067 册。

学问传承有后人——附其子丁伟志、孙丁一川

丁伟志，男，1931 年 1 月出生于山东潍县（今潍坊市）。中国社会科学院研究员。1948 年起，先后在华东大学、山东

大学工作。1951年入中国人民大学攻读研究生，1953年转入马列学院进修哲学。1955年起，先后在中央政治研究室、马列主义研究院做研究工作。1973年秋，转入中国科学院近代史研究所，从事《中国通史》编纂工作。1975年起，历任《历史研究》副主编，《中国社会科学》副总编辑、总编辑，中国社会科学出版社总编辑，中国社会科学院副院长，中国史学会副会长，中国老教授协会副会长，中国社会科学院荣誉学部委员。长期以来，主要从事哲学、历史学研究，主攻中国近代政治思想史、文化思想史。代表作品有《中西体用之间》、《裂变与新生》、《对历史的宏观考察》、《无树有巢》、《桑榆槐柳》等。

丁一川，男，北京大学中古史研究中心、东北亚研究所研究员，《原学》杂志编委、副主编，东方历史学术文库编委。研究方向为中国文明的起源与早期国家形态。

附：才自精明志自高——丁叔言

丁叔言号称“丁半城”，是“才自精明志自高”的人物，广有土地房产，并兴办近代工业，家资豪富，交游广阔，曾迎接中华革命军总司令居正，在天津谒见总统黎元洪，于济南拜会蔡元培，十笏园中接待康有为，亦曾组织抵抗阎锡山部队潍县的进攻，并著有《半月围城记》。抗战初期与县长厉文礼组织抗日，贡献颇多，后被俘接受伪职。抗战胜利后，在国民党内部斗争中，进退失据，饮鸦片自尽。时人颇多唏嘘。其妻弟王统照与之关系甚密，多有唱和，王氏与十笏园亦有颇多渊源，曾多次流连盘桓与此。中国古人有言：一为文人，便无足观。用在丁叔言身上就是：一日失节，终生难复。时乎？命乎？运乎？盖棺有定，山水无言。

诗文传家，丁叔言的著作主要有《养静轩诗稿》、《孟浩然年谱》、《崂山游记》、《潍县半月围城记》、《傅戈庄盐店被焚记实》、《张士保先生评传》、《考察日记》、《五十年之回顾》等。

六 不应埋没的乡绅

从先秦到清朝末年，一直有“士”这种身份，可是他们在社会中的地位和作用是有变化的。从南宋到元、明、清，大部分士人不是什么大官，甚至是没有做过什么官。可以说他们是自我存在、自我延续的社会精英，形成中国封建社会一种特有的阶层——乡绅阶层，他们近似于官而异于官，近似于民又在民之上，他们的行为、他们的存在，对当时当地的社会非常有影响，对官僚体制和社会秩序的维护，特别是乡村社会组织运转中起了很大的作用。

政府的政令、法令，无论采取何种传播方式，欲使之传遍乡村社会，都必须经由乡绅阶层晓知于民。当权者只需将政策、法令告之乡绅，余下对乡民的宣传并使其执行的过程便由乡绅负责。此种相当于统治阶级最基层的政治地位，除乡绅阶层之外，其他阶层很难承担，兼有乡村社会的政治首领或政治代言人的地位，是封建统治者与下层农民之间的桥梁。一旦桥梁失效，即会出现社会失序状况。

乡绅阶层经济地位通常也高于农民，通过捐款救灾，稳定当地民心，减轻官府的压力，维系着与乡民、官府的经济关系。

乡绅阶层有较高的文化地位，无形中影响着周围人的文化价值观乃至社会价值观，在这个过程中又逐步确立了自身在乡村社会中的文化主导者地位。由于乡绅文化程度相对较高，其政治和文化地位的结合，产生了神权上执行、解释的可信度。

乡绅阶层是近代中国封建社会中一个不可忽视的重要阶层，他们的各种权力和社会地位，相当一部分是皇权默许甚至授予的。明清“皇权不下乡”，乡绅在皇权不容易支配到的乡村社会里，补充了地方行政能力的不足，构成封建统治在官府之外的又一股势力，是不吃皇粮的公务员。

乡绅生于斯长于斯，一般终老于斯，对上，不能“涸泽而渔”，对下，不容危及自身，且手中有族权、神权可用，是上下之间的缓冲阀，对维护社会秩序稳定起着不容替代的作用。

丁家从丁锡田上溯，高祖丁克成、曾祖丁廷珍兄弟、祖父丁善宝兄弟、父亲丁毓庚，祖孙几代相继，乐善好施，赈灾救贫，兴办家学，奖掖后进，行善如恐不及，有的甚至于劳瘁致死。读之，思之，对比之，感慨之！

万丈高楼始于基，冰冻三尺非一日之寒，家风绍递，其中有立身纲纪在。家国一体，家风之意大矣哉。

“万钟一品不足论，时来出手苏元元”，丁氏家风与古人家教暗合。

家族门第虽已矣，文采风流今尚存——题记

第七章　民居庙祠——十笏园古建筑群

一　等闲潍上数丁家——丁式民居

十笏园古建筑群模型

十笏园以东即丁四宅、丁二宅民居建筑群，系明、清时期潍县四大名门望族之一的丁氏一族的两处宅第。丁氏一族逐渐发迹始于丁克成，其四子廷模、廷选、廷举、廷珍奠定潍县大家族地位，其中老四丁廷珍的家业最大，时称“丁半城”。丁四宅、丁二宅便分别是廷珍、廷举的宅第。十笏园主丁善宝则是丁廷珍之子。这个民居建筑群具有我国北方典型的四合院式建筑风格。建筑年代依次为明代、清代早中期和晚期。

1. 诗书继世传忠厚

潍县丁氏自明初迁入，经几代人勤俭持家，励精图治，终成名门世家，以经营首富、乐善好施、筑园汇文而闻名，为老潍县的历史增添了浓墨重彩的一笔。现有的古典园林十笏园就是丁氏世家人生理念、审美哲学的体现，也是丁氏世家生活态度的浓缩和展示。

丁氏世家的延续之路符合中国古代“以末致财，以本守之”的士绅老路，但其对于文化的重视，对文人的延揽，却有其他世家所不及的地方。“君子之泽，五世而斩”，在科举时代体现得特别明显。潍县历史上赫赫有名的世家大族，没几代就没落了，但丁氏世家却能绵延几百年，其中确有值得我们深思的地方。其中有多方面的原因，但其对于文化的重视，对文化氛围的营造，以及由此而形成的传统是至关重要的因素。从书画题咏可见其文化品位，从其交往的层次可见其文化修养，常居芝兰之室，怎不馥郁芬芳，无怪乎丁家才俊辈出。由此“方知大藩地，岂曰财赋强”。

“诗书继世，忠厚传家”，这是丁氏曾经张贴在大门上的对联，如今雕刻在十笏园博物馆的大门上，这也是丁氏六百年绵延不绝的内在原因。

学与不学，成龙成猪，唐代韩愈在《符读书城南》中说得很透彻：

木之就规矩，在梓匠轮舆。人之能为人，由腹有诗书。
诗书勤乃有，不勤腹空虚。欲知学之力，贤愚同一初。
由其不能学，所入遂异闾。两家各生子，提孩巧相如。
少长聚嬉戏，不殊同队鱼。年至十二三，头角稍相疏。

二十渐乖张，清沟映污渠。三十骨骼成，乃一龙一猪。
飞黄腾踏去，不能顾蟾蜍。一为马前卒，鞭背生虫蛆。
一为公与相，潭潭府中居。问之何因尔，学与不学欤。
金璧虽重宝，费用难贮储。学问藏之身，身在则有余。
君子与小人，不系父母且。不见公与相，起身自犁鉏。
不见三公后，寒饥出无驴。文章岂不贵，经训乃菑畬。
潢潦无根源，朝满夕已除。人不通古今，马牛而襟裾。
行身陷不义，况望多名誉。时秋积雨霁，新凉入郊墟。
灯火稍可亲，简编可卷舒。岂不旦夕念，为尔惜居诸。
恩义有相夺，作诗劝踌躇。

丁氏子弟多受中国传统文化的浸润，簪缨不绝，人文昌盛。进士举人人才辈出，如今十笏园博物馆的大门上方高悬“进士第”的匾额，引游人驻足欣赏。更有专家专长之人，举凡文学、艺术、史学、教育等方面皆有人才，较之徒应科举更为可贵。

“面前的天地要放得宽，使人无不平之叹；身后的惠泽要留得久，使人有不匮之思”，古人的教导在丁家有很好的体现，那就是乐善好施。乐善好施是其家风，前章叙述甚详。

其在教育方面的慷慨解囊更为人所称道，如今博物馆所悬挂的嘉惠士林的牌匾就是丁善宝为学子解燃眉之急所获得的。另外，科举废后，丁家出资办学，免费教育本姓及外姓的贫困学生，培养了大批的优秀人才，如裴昌会、郭味蕖、于希宁等。

2. 闺阁亦有经纶手

丁氏世家的女性大都有着较好的文化修养，无论是娶进门的媳妇，还是嫁出去的闺女，均识礼仪，且有的还善于丹青诗文，这对子女教育的影响已经现代教育理论证明，我们的近邻日、韩也是明证。

丁锡彭夫人张氏亦能诗，他们夫妇有诗集《贞园诗钞》遗世；丁叔言的原配夫人诸城臧淑玉，诗书丹青俱佳，尤善工笔花卉，据说丁叔言的花卉还得到臧氏的指授。按旧时礼制，女姓前冠夫姓，臧氏嫁归丁门，故《潍县志稿》中为之立传，而称作丁臧淑玉。

3. 门当户对有讲究

司马迁有言："自古受命帝王及继体守文之君，非独内德茂也，盖亦有外戚之助焉。夏之兴也以涂山，而桀之放也以末喜。殷之兴也以有娀，纣之杀也嬖妲己。周之兴也以姜原及大任，而幽王之禽也淫于褒姒。故《易》基《乾》《坤》，《诗》始《关雎》，《书》美釐降，《春秋》讥不亲迎。夫妇之际，人道之大伦也。礼之用，唯婚姻为兢兢。夫乐调而四时和，阴阳之变，万物之统也。可不慎与？人能弘道，无如命何。甚哉，妃匹之爱，君不能得之于臣，父不能得之于子，况卑不乎！即欢合矣，或不能成子姓；能成子姓矣，或不能要终：岂非命也哉？孔子罕称命，盖难言之也。非通幽明，恶能识乎性命哉？"

丁毓庚与孟氏之女，嫁与安徽寿县在京官至吏部尚书的文史名人孙家鼐之子为妻，孟氏娘家的侄女孟昭兰则嫁与丁叔言之内弟诸城王统照为妻。丁氏世家与潍上郭尚友、陈官俊、张兆栋世家，以及诸城王、戴、臧、章丘孟，曲阜孔，安徽孙氏均有亲戚，由此而织成了由潍县而联系全省全国的姻亲大网。

古人有言："为政不难，不得罪于居室"。这话虽与现代法治思想不符，但在官本位的社会里，却对家族兴旺发达有着不可估量的影响。

"门当"与"户对"最初是指古代大门建筑中的两个重要组成部分。门当原本是指在大门前左右两侧相对而置的一对呈

“门当”与“户对”

扁形的石墩或石鼓。中国古代击鼓升堂、击鼓定更等等形成了官制的行为特征，鼓成了官衙的符号。于是安放抱鼓石便成了权利地位的门户象征。在讲等级的封建年代，只有官宦人家的宅门，才能安放抱鼓石，普通市民只配用门枕石。不过，为什么一些明清两代从事商业的大户人家也能在宅门摆放抱鼓石呢？这是因为古代捐纳制度造成的。康熙十三年（1674年），清朝中央决定大规模削藩，为了弥补军饷不足，才颁布了捐纳政令，捐官制度开始泛滥。文职可捐至郎中（正五品）、道员（正四品），武职可捐至把总（正七品）、千总（正六品）直至参将（正三品）。雍正、乾隆两朝，捐纳更加频繁，成为又一入仕途径。这捐官政策为商人扩充政治资本的同时也为抱鼓石花落商家大户奠定了礼制基础。捐得官衔之后，扩建宅第的等级限制就可以减少，宅院才能修建得更阔大更气派。

清亡之后，宅第建设等级限制取消，抱鼓石是中国宅门构件的功能产物，它是依托功能施以装饰的石制构件，起着围护大门壮主人威势以撑门面的作用。正如吴良镛所言它“已经不仅是一种样式，而是植根于生活的深层结构，是一种居住文化的体现”。

户对则是指位于门楣上方或门楣两侧的圆柱形木雕或雕砖，由于这种木雕或砖雕位于门户之上，且为双数，有的是一对两个，有的是两对四个，所以称为户对。用木头雕刻的户对位于门楣上方，一般为短圆柱形，每根长一尺左右，与地面平行，与门楣垂直；而用砖雕刻而成的户对则位于门楣两侧，上面大多刻有以瑞兽珍禽为主题的图案。

大门前有门当的宅院必有户对，门当、户对并称。又因为门当、户对上往往雕刻有适合主人身份的图案，且门当的大小、户对的多少又标志着宅第主人家财势的大小，所以，门当和户对除了有镇宅装饰的作用，还是宅第主人身份、地位、家境的重要标志。所以，门当户对逐渐演变成社会观念中衡量男婚女嫁条件的一个成语，在今天，反而被人忽略了其原来的意思。

4. 举人门上“进士第”

自从宋代实行“不抑兼并”政策以来，“千年田，八百主”成为土地流转的常态。富不过三代，这是中国的老话，也是实情。创业不易，守成更难。科举起家不易，科举传家更难，因为后代资质、禀赋各异，“虽父兄不能以移子弟”。一旦子弟不肖，门第随即衰弱，饥寒加身，不顾廉耻，只要有买方市场，什么都可以出卖，“进士第”牌匾变换门楣也就不足为怪了。

现在十笏园门上所挂“进士第”牌匾原是丁家大宅的，丁廷模逝后，门第逐渐衰微，土地、房产渐次易手，连牌匾也挂到了别人门上。

科举小常识

科举制起于隋，止于清光绪卅一年（1905 年），前后经历一千三百余年，成为世界延续时间最长的选拔人才的办法。

科举制彻底打破血缘世袭关系和世族的垄断，“朝为田舍郎，暮登天子堂”，部分社会中下层有能力的读书人进入社会上层，获得施展才智的机会，因而官员素质较高。

明清时，为了取得参加正式科举考试的资格，先要参加童试，应试者不分年龄大小都称童生，录取称为生员，俗称秀才，这是“功名”的起点。

正式的科举考试分为三级：乡试，会试，殿试。

乡试每三年在各省省城（包括京城）举行一次，因在秋八月举行，故又称秋闱，主考官由皇帝委派。考后发布正、副榜，正榜所取的叫举人，第一名叫解元，第二名至第十名称亚元。

会试每三年在京城举行的一次考试，因在春季举行，又称春闱。考试由礼部主持，皇帝任命正、副总裁，各省的举人及国子监监生皆可应考，录取者为贡士，第一名叫会元。

殿试是皇帝主试的考试，考策问。参加殿试的是贡士，取中后统称为进士。殿试分三甲录取，第一甲赐进士及第，第二甲赐进士出身，第三甲赐同进士出身。第一甲录取三名，第一名俗称状元，第二名俗称榜眼，第三名俗称探花，合称为三鼎甲。第二甲第一名俗称传胪。

状元授翰林院修撰，榜眼、探花授翰林院编修。其余诸进士再参加朝考，考论诏奏议诗赋，选擅长文学书法的为庶吉士，其余分别授主事（各部职员）、知县等（实际上，要获得主事、知县等职，还须经过候选、候补，有终身不得官者）。庶吉士在翰林院内特设的教习馆（亦名庶常馆）肄业三年期满举行“散馆”考试，成绩优良的分别授翰林院编修、翰林院检讨（原来是第二甲的授翰林院编修、原来是第三甲的授翰林院检讨），其余分发各部任主事，或分发到各省任知县。

以上各种考试主要是考八股文和试帖诗等。八股文题目出自四书五经，略仿宋代的经义，但是措辞要用古人口气，所谓代圣贤立言。

各级考试录取比例很低，而且越往上越低，所以考中进士又称为跃龙门。因为录取比例低，很多人弃儒经商。

四合院布局

5. 庭院深深深几许

四合院的布局，在封建宗法礼教的支配下，按着南北纵轴线对称地布置房屋和院落。所谓四合，“四”指东、西、南、北四面，“合”指四面房屋合在一起，围成一个“口”字形。

住宅大门位于东南角上，门内迎面建影壁，使外人看不到宅内的活动。影壁也称照壁，古代称作“萧墙”，“祸起萧墙”即与此有关，指祸乱发生在家里，比喻内部发生祸乱，语出《论语·季氏》：“吾恐季孙之忧不在颛臾，而在萧墙之内也。”自此转西至前院。南侧的倒座通常作客房、书塾、杂用间或男仆的住所。自前院纵轴向上的垂花门，四个四合院向纵深排列，左右建有别院，并建有前后花园。

地暖

四合院的布局主要是对称式的平面，封闭式的外观，内向型自成天地的院落格局，这与我国封建礼教、宗族制度有很大关系。家族观念中等级制度最为重要，讲究长幼有序、内外有别、主尊奴卑。因此，四合院的等级主要表现为：北屋为尊，两厢次之，倒座为宾，杂屋为附。

房屋为抬梁式木结构，硬山顶。由于气候寒冷，墙壁和屋顶都比较厚重，并在室内设炕取暖。在修复过程中发现，丁家为大户人家，设有地暖，在当时是比较少见的。

屋内用各种形式的罩、博古架、隔扇等划分空间，上部装纸顶棚，构成丰富多彩的艺术形象。色彩方面，以大面积的灰青色墙面和屋顶为主，在大门、二门、走廊与主要住房等处施彩色，及大门、影壁、墀头、屋脊等砖面上加若干雕饰，取得良好的艺术效果。

6. 雕梁画栋富贵家

走在十笏园里，每一个建筑物都是雕梁画栋，画有梅兰松竹等图案，每个房顶四角都是飞檐走兽，无不体现古代民居建筑的做工精细，用料考究。

房顶中间的脊饰，称屋冠，表示家中粮食满囤，已逾屋顶；中间的砖雕为正脊中花，象征吉祥富贵。

屋脊、走兽

屋脊走兽

这些小动物一般叫作屋脊走兽、檐角走兽、仙人走兽、垂脊吻等，古建行内部也称为小跑或“走投无路”。它们已经“走”到了檐角的最前端，再向前一步就会掉下去，真的是走投无路的。

垂脊上面第一个兽名为螭吻，有吞火的功能取其灭火消灾之意；第二个叫垂兽，又称角兽，内有铁钉，作用是防止垂脊上的瓦片下滑，加固屋脊相交部分的结合部。下面排列着五个蹲兽，又称小跑兽，分别是狻猊：喜烟，好坐，常见于香炉上，同时象征香火旺盛。斗牛：逐疫辟邪的功能。獬豸：类似麒麟，是正义和威严的象征，能区分好人坏人，惩恶扬善。凤：百鸟之王，象征祥瑞。押鱼：传说能兴云作雨，是灭火防灾的能手。古代建筑传统的土木结构，最怕的是火，所以做上龙，做上鱼，就起到避火的意思。

在古代，受礼制制约，脊兽的等级、大小、奇偶、数量、次序等都有严格规定，游览过故宫的游客可能会有体会。据《大清会典》记载，这些琉璃釉面小兽的排列顺序为：龙、凤、狮子、天马、海马、狻猊、押鱼、獬豸、斗牛、行什。如在故宫太和殿的角脊上，排列 10 个琉璃坐姿小兽，成双数，为最高等级。乾清宫是皇帝理政和居住的地方，地位仅次于太和殿，檐角兽减去“行什”，为 9 个；坤宁宫明代是皇后寝宫，清代祭神和举行婚礼之用，檐角兽为 7 个。东西六宫是后妃居住的地方，檐角兽为 5 个。宫墙门檐角则多为 1 个，即琉璃小兽只有“龙”一种。

这些美观实用的小兽端坐檐角，为古建筑增添了美感，使古建筑更加雄伟壮观，富丽堂皇，充满艺术魅力。梁思成评价道：“使本来极无趣笨拙的实际部分，成为整个建筑物美丽的冠冕。”（参考《故宫太和殿的小兽》）

雕梁画栋

古代建筑都有造景，画上各种动物、花卉，庄重典雅，具有吉利、祥瑞、祈福的含义；有些起到启迪教化的作用，教人向善，做一个正人君子，起到一种正教化的作用，亦是古代教化无处不在的明证。

十笏园的建筑风格在构造上却有一个共同点，即先立木柱，后砌砖墙。明清建筑突出了梁、柱、檩的直接结合，减少了斗栱这个中间层次的作用。这不仅简化了结构，还节省了大量木材，从而达到了以更少的材料取得更大建筑空间的效果。明清建筑还大量使用砖石，促进了砖石结构的发展。

直檐式大屋顶，高大的前廊，廊上的檐枋雀替及斗栱部位便成了雕刻师们一展身手的地方。经过作画、雕坯、出细等多道工序，雕刻出各种高浮雕、浅浮雕形式的作品。其内容非常广泛，特别是融于整个建筑群的彩绘、木雕、砖雕分别装饰着斗栱、雀替、挂落、栋梁，照壁、廊心、柱础石、墙基石、匾额、帘架、门罩、屋顶等，雕刻题材丰富多彩，技法精致多样。中国传统民俗，包含吉祥和禁忌两个方面，雕刻彩绘以吉祥祈福为主，内容包含着岁寒三友、四季花卉、莲生贵子、麒麟送子、一路连科、佛家八宝等题材，令人目不暇接。整个建筑群成为艺术的载体，与书法匾额、楹联相互映衬，雕梁画栋与书卷气结合在一起，风雅备至，充满浓郁的文化气息，成为名门世家的典范。

7. 祖功宗德流芳远

家祠——祖先崇拜——慎终追远

家祠：过去家家有家祠，家祠是家人祭祀近代祖先的场所，一般在厅堂里或家中制有神龛的地方，供奉有曾祖以下的祖宗牌位，一般是不出五服即五代以内的祖先，五服以内为亲，五服以外为亲尽。五服以外的先祖、始祖是享受不到家祭的香火的。

家祠与宗祠有区别

崇拜祖先并立庙祭祀的现象，在原始社会后期即已存在。

家祠

明世宗采纳大学士夏言的建议，正式允许民间皆得联宗立庙，从此宗祠遍立，祠宇建筑到处可见。

宗祠，又称宗庙、祖祠、祠堂，是供奉祖先神主，进行祭祀的场所，被视为宗族的象征。宗庙制度产生于周代。上古时代，士大夫不敢建宗庙，宗庙为天子专有。后来宋代朱熹提倡建立家族祠堂：每个家族建立一个奉祀高、曾、祖、祢四世神主的祠堂四龛。初立祠堂时，还要从现田中每龛取二十分之一作为祭田。清代，祠堂已遍及全国城乡各个家族，祠堂是族权与神权交织的中心。祠堂中的主祭——宗子，相当于天子；管理全族事务的宗长，相当于丞相；宗正、宗直，相当于礼部尚书与刑部尚书。宗祠体现了宗法制家国一体的特征。

宗祠，虽然是封建社会遗留下来的产物，在当今则有其新的存在的意义和社会作用。近年来，随着改革开放和全球华人寻根热潮的兴起，许多宗祠被新建和修复，族谱被续修，而海外华人则不断翻新旧宗祠，联络故众。可以说，今天的宗祠已经没有了“宗族主义”的负面作用，只具有帮助人们寻根问祖、缅怀先祖、激励后人、互相协作的积极意义，特别是对于加强中华民族的向心力、凝聚力，对于中华民族的大团结产生巨大的促进作用。

庙与祠的区别

庙，古代本是供祀祖宗的地方。那时，对庙的规模有严格的等级限制。《礼记》中说：“天子七庙，卿五庙，大夫三庙，士一庙。”“太庙”是帝王的祖庙，其他凡有官爵的人，也可按制建立“家庙”。汉代以后，庙逐渐与原始的神社（土地庙）混在一起，蜕变为阴曹地府控辖江山河渎、地望城池之神社。“人死曰鬼”，庙作为祭鬼神的场所，还常用来敕封、追谥文人武士，如文庙——孔子庙，武庙——关羽庙。

祠是为纪念伟人名士而修建的供舍（相当于纪念堂）。这点与庙有些相似，因此也常常把同族子孙祭祀祖先的处所叫“祠堂”。祠堂最早出现于汉代，据《汉书·循吏传》记载，“文翁终于蜀，吏民为立祠堂。及时（指诞辰和忌日）祭礼不绝。”东汉末，社会上兴起建祠抬高家族门第之风，甚至活人也为自己修建“生祠”。由此，祀堂日渐增多。

8. 留余一念乾坤大——账房

留余

世家大族离不了账房，丁氏账房结构及账房先生自有其特点。门前有郑板桥手书“留余”，不由让人想起《红楼梦》中的一句：身后有余忘缩手，眼前无路想回头。

“事事留个有余不尽的意思，使造物不能忌我，鬼神不能损我。若业必求满，功必求盈者，不生内变，必招外忧”。“达人观物外之物，思身后之身”。世家大族昌盛百年，而不是昙花一现，是否与此有关？而今入选福布斯富豪榜的中国富豪如走马灯般变换，是否与其财富观有关？看来我们向古人学习的地方还有很多。

账房先生亦风雅

丁氏以土地租金和工商收入积累了大量财富，这里就是巨额财富的管理和贮藏之所。丁氏雇用的账房先生不仅是理财的能手，而且也能书善画。丁怀曾的核雕作品在 20 世纪 20 年代曾获得巴拿马国际博览会的最高奖。丁召宝善于篆书和铁笔，张玉峰画得一手好工笔画。华世奎（1863 ~ 1912 年），字启臣，号壁臣，祖籍江苏无锡，后迁居天津，天津“八大怪”之一，其书法于真、草、篆、隶诸体无所不精，尤擅长楷书。

不惜金钱倡大义

丁氏世家聚财有方且急公好义，勇于为善，“不惜金钱倡大义”，“公之斯文若元气，先时已入人肝脾”，丁氏几百年长盛不衰自有其独到之处。不惜金钱倡大义，正是丁氏世家长盛不衰的秘密。

到底是大户人家——“金库”

账房附设“金库”，游人可想见丁氏当年的豪富。

我国很早就开始流行钱币窖藏，窖藏都是有钱人家为了躲避盗抢或战乱而修建的。古代中国没有现代这样的防盗保险箱，所以中国古人在窖藏储蓄时，会想方设法让外人找不到。

说到窖藏，有一个笑话叫“此地无银三百两”，就是源自这种储蓄方式。由于有此窖藏储蓄的习惯，后人遇到拆迁、搬家时，往往都会“掘地三尺”，把家前屋后地下翻一遍。

除了埋到地下，中国古人比较常用的储蓄方式还有“壁藏”、“檐藏”、“梁藏”等。

由于中国古人太喜欢存钱储蓄，这让朝廷很伤脑筋。因为铜钱不像现代纸币，铜资源是有限的。太多的铜钱不拿出来使用，加上民间私熔、遗失、随葬、外流等，导致市场上的货币投放量严重不足，影响了整个社会的商品流通和交易。所以，不少时候朝廷会对此严厉制止。

二　关侯庙和孔相祠——俎豆千秋祭祀同

关侯庙

1. 关侯庙前世今生

关侯庙宇古来多

老潍县城中有很多庙宇，仅老潍县城里及东、南、西、北、西南、东北六关里就建有二十多座关侯庙。在这些关侯庙中，当属位于老潍县城胡家牌坊街中段北侧关帝庙巷北首的关侯庙建立时间最早、规模最大、至今保存最完整。这座庙始建于宋代，是为了祭祀三国蜀将关羽而建。

关侯关帝一字差

为什么庙名是关侯庙，但是巷名中却是“关帝”二字？因为建庙时，关羽被封为汉寿亭侯，所以称为关侯庙。直到元代时才在庙南面的空地上建了一条巷子，那时，关羽已被尊称为关帝，因此巷子被命名为关帝庙巷。

关侯庙分别于元天历二年（1329 年）和清康熙十五年（1676 年）经过两次重修。重修后的关侯庙庙基拔地五米，庙堂建于青石砌成的 148 平方米高台之上，玻璃瓦屋脊上有蛟龙浮雕，四周飞檐斗栱，气势宏伟。大殿内原有关羽、周仓和关平三座雕像。大殿前面两侧的方形石柱上刻有一副对联：“扶正统而彰信义功业同天地不朽，完大节以笃忠贞令名与日月同昭。”概括了关羽光辉的一生，也表达了人们对他的赞美和敬仰。

据潍县史料记载，自关侯庙建成后的几个朝代里，每年农历二月、八月初一以及五月十三日关羽生日的时候，地方官员都会率其下属前去祭拜。平时农历每月初一和十五也有不少平常百姓前去烧香祭拜。

福兮祸兮有谁知

1948 年后，城中二十多座关侯庙几乎全部被拆除，只有这座关侯庙因被用作原潍坊市委机关食堂得以保留下来。1978 年曾油漆刷新。现存大殿三间，僧舍三间，进香处一间。这座关侯庙是目前潍坊市中心城区唯一一座保留时代最久远、最完整的古建筑。

据民间传说，刘备率关羽、张飞大败管亥解北海之围后，曾经在北海城高埠上阅兵点将；而这“高埠”，就是今天“老潍县人”皆能见证的关侯庙。如今台、庙俱，就在十笏园之西北角。而据《潍县志》记载，此庙气势巍峨壮丽，高廊宏敞，悬山连殿，斗栱绝妙，“是潍城一大观也”。又称：“潍邑县治之左，有汉将军汉寿亭侯之庙，其由来久也，地台高数仞，经纬数十丈，故老相传以为汉儒北海郡守孔文举练兵台也，上有论古堂与其生祠在焉。”

2. 关圣帝君的炼成

关羽，字云长，河东解（今山西运城）人。为刘备最信任的将领之一。

原先也一般

219 年战败被俘，被孙权斩首，刘禅追封为“壮缪侯”，从谥号来看，为下谥，无荣宠可言。

六朝还无异

六朝关、张并举，主要集中在武艺的绝伦，并无特异。

唐代享荣宠

进入国家祀典已经是五百以后的事了。开元十九年（731年），唐玄宗下诏在两京设立姜太公庙，张良配享。到了 782年，为了扩大姜太公庙的规模，朝廷又以孙膑、廉颇、卫青、霍去病、关羽、张飞等六十四名将为弟子从祀，关羽的称号是“蜀前将军汉寿亭侯”。

宋代又遭殃

然而，北宋初期，宋廷以“为仇国所擒”为由，一度把关羽和张飞从祀典中开除，关羽的“冥神”道路遭遇最大挫折。

统治者对关羽态度出尔反尔的原因，主要是因为他们“拥曹反刘”的历史观。而这一史观直到北宋时才得以改变。宋神宗曾自比刘备，完成了“帝曹”到“尊刘”的转型，这一变化的最大受益者就是关羽。

感谢宋徽宗

1102 年，宋徽宗加封关羽为“忠惠公”，关羽当了近 900 年的侯爵后终于晋爵为公。六年后，徽宗又加封关羽为“武安王”，这是关羽封王之始。到了 1123 年，徽宗又把关羽的封号变成“义勇武安王”，同时，关羽回姜太公庙，位置虽然无太大变化，封号则远高于同列诸人，直逼姜太公。关羽迎来了神圣化的第一个高潮。

要谢朱皇帝

洪武二十七年（1394 年），明廷在南京鸡鸣山给关羽立庙，规定国家每年祭祀六次，祭品为一猪一羊，规格不可谓不高。更重要的是，关羽在国家祀典中终于自立门户，不用寄人篱下。

谁言万历懒

万历十八年（1590 年），神宗封关羽为“协天护国忠义大帝”，关羽成为中国历史上唯一晋升为“帝”的臣子。

还是异族亲

清朝统治者对关羽的崇敬则更甚。早在关外时，努尔哈赤和皇太极就通过《三国演义》，对猛将关羽产生了崇敬之心，他们向明朝请求赐予关帝神像，加以崇拜。顺治元年（1644

年)，甫一入关的清廷就重修关帝庙，顺治九年（1652 年），封关羽为“忠义神武关圣大帝”，从此，关羽便被称为“武圣”，并且与文圣孔子一样，被列入清代少数几个国家级圣人，享受正式的祭祀。

乾隆后，大清王朝风雨飘摇，起义接踵而至。每当此时，皇帝就给关羽的封号加两个字，以求关圣保佑迅速平乱。到了光绪五年（1879 年），关羽的封号为“忠义神武灵佑仁勇威显护国保民精诚绥靖诩赞宣德关圣帝君”，长 26 字，和历代“大行皇帝”相比，仅少于努尔哈赤一字。清宫中在上演关羽戏时，只要关老爷一出场，皇帝、后妃都要恭敬地离开座位绕场走几步而后重新落座。而在后台，则要焚香供奉关老爷神位。

关羽知道否

造神运动往往起自官方，有其教化的特定目的。而形象一旦固定化，后来者将不再问为什么，只有顶礼膜拜的份。基本的物质生活得以满足以后，精神需要就提上议事日程。美国心理学家马斯洛的层次需要理论作了精辟分析。心不可无主，心的强大，才是真的强大。所以没有神也要造一个神出来。而追寻造神运动的过程也可了解中国人的心路历程。

附《关羽传》（见于《三国志》卷三十六关张赵马黄传）

关羽字云长，本字长生，河东解人也。亡命奔涿郡。先主于乡里合徒众，而羽与张飞为之御侮。先主为平原相，以羽、飞为别部司马，分统部曲。先主与二人寝则同床，恩若兄弟。而稠人广坐，侍立终日，随先主周旋，不避艰险。先主之袭杀徐州刺史车胄，使羽守下邳城，行太守事，而身还小沛。

建安五年，曹公东征，先主奔袁绍。曹公擒羽以归，拜为偏将军，礼之甚厚。绍遣大将军颜良攻东郡太守刘延于白马，曹公使张辽及羽为先锋击之。羽望见良麾盖，策马刺良于万众之中，斩其首还，绍诸将莫能当者，遂解白马围。曹公即表封羽为汉寿亭侯。

初，曹公壮羽为人，而察其心神无久留之意，谓张辽曰："卿试以情问之。"既而辽以问羽，羽叹曰："吾极知曹公待我厚，然吾受刘将军厚恩，誓以共死，不可背之。吾终不留，吾要当立效以报曹公乃去。"辽以羽言报曹公，曹公义之。乃羽杀颜良，曹公知其必去，重加赏赐。羽尽封其所赐，拜书告辞，而奔先主于袁军。左右欲追之，曹公曰："彼各为其主，勿追也。"

从先主就刘表。表卒，曹公定荆州，先主自樊将南渡江，别遣羽乘船数百艘会江陵。曹公追至当阳长阪，先主斜趣汉津，适与羽船相值，共至夏口。孙权遣兵佐先主拒曹公，曹公引军退归。先主收江南诸郡，乃封拜元勋，以羽为襄阳太守、荡寇将军，驻江北。先主西定益州，拜羽董督荆州事。羽闻马超来降，旧非故人，羽书与诸葛亮，问"超人才可比谁类"？亮知羽护前，乃答之曰："孟起兼资文武，雄烈过人，一世之杰，黥、彭之徒，当与益德并驱争先，犹未及髯之绝伦逸群也。"羽美须髯，故亮谓之髯。羽省书大悦，以示宾客。

羽尝为流矢所中，贯其左臂，后创虽愈，每至阴雨，骨常疼痛，医曰："矢镞有毒，毒入于骨，当破臂作创，刮骨去毒，然后此患乃除耳。"羽便伸臂令医劈之。时羽适请诸将饮食相对，臂血流离，盈于盘器，而羽割炙引酒，言笑自若。

二十四年，先主为汉中王，拜羽为前将军，假节钺。是岁，羽率众攻曹仁于樊。曹公遣于禁助仁。秋，大霖雨，汉水泛溢，禁所督七军皆没。禁降羽，羽又斩将军庞德。梁、郏、陆浑群盗或遥受羽印号，为之支党，羽威震华夏。曹公议徙许都以避其锐，司马宣王、蒋济以为关羽得志，孙权必不愿也。可遣人劝权蹑其后，许割江南以封权，则樊围自解。曹公从之。先是权遣使为子索羽女，羽骂辱其使，不许婚，权大怒。又南郡太守糜芳在江陵，将军傅士仁屯公安，素皆嫌羽轻自己。羽之出军，芳、仁供给军资，不悉相救，羽言“还当治之”，芳、仁咸怀惧不安。于是权阴诱芳、仁，芳、仁使人迎权。而曹公遣徐晃救曹仁，羽不能克，引军退还。权已据江陵，尽虏羽士众妻子，羽军遂散。权遣将逆击羽，斩羽及子平于临沮。

追谥羽曰壮缪侯。子兴嗣。兴字安国，少有令闻，丞相诸葛亮深器异之。弱冠为侍中、中监军，数岁卒。子统嗣，尚公主，官至虎贲中郎将。卒，无子，以兴庶子彝续封。

3. 关侯庙里孔相祠

孔相祠，亦称孔北海祠。位于胡家牌坊街中段北侧关帝庙巷北首，关侯庙西北侧。祀东汉末年北海相（北海相即北海郡守；北海郡管辖范围在今潍坊市地域）孔融，他就是《三字经》中“融四岁，能让梨”所说的孔融，即“孔融让梨”故事里的孔融，字文举，东汉末年鲁国（今山东曲阜）人，著名的“建安七子”之一。他在北海郡任郡守六载，政声赫然，时潍邑文风盛于齐鲁。潍人感其造福乡里之德，慕其亲民之厚情，于宋徽宗政和四年（1114 年），潍州太守韩浩、通判慕容公在潍州公署后北城墙上（今向阳路中段古城墙开口处）建孔北海祠，并立“孔相祠堂之记碑”，同时建“论古堂”，将郑玄、韩熙载等 30 名贤达德义之士的画像绘于堂中，合祀于堂，并立“论古堂碑”，以振扬英声，扶持风教。清康熙三十二年（1693 年），邑人丁汝奇将孔相祠和“孔相祠堂之记碑”、“论古堂碑”一并移建于关侯庙西北侧（即现址）。孔相祠为古建 3 间，祠内塑像早已毁掉，殿中有民国二年（1913

年）潍县画家丁东斋所绘的孔融白描石刻像嵌于北壁。1946年国民党第八军驻潍时，把该祠改为所谓的“忠烈祠”，用以存放阵亡官兵牌位，1948 年后被清除。

孔融祠

注：现题为孔融祠殊欠考虑，不知修复时是怎么想的，缺少基本常识。历史名人祠堂是官方或民间建立的纪念性祠堂，纪念先贤，堂中有名人塑像或画像供后人瞻仰；陈列名人有关的研究资料、著述和文物等。名称多用敬语，孔融祠不过俗称，哪有祠堂直书其名的。还是原先孔北海祠或孔相祠较为稳妥。

附《后汉书·孔融传》

孔融字文举，鲁国人，孔子二十世孙也。七世祖霸，为元帝师，位至侍中。父宙，太山都尉。

融幼有异才。年十岁，随父诣京师。时河南尹李膺以简重自居，不妄接士宾客，敕外自非当世名人及与通家，皆不得白。融欲观其人，故造膺门。语门者曰：“我是李君通家子弟。”门者言之。膺请融，问曰：“高明祖父尝与仆有恩旧乎?”融曰：“然。先君孔子与君先人李老君同德比义，而相师友，则融与君累世通家。”众坐莫不叹息。太中大夫陈炜后至，坐中以告炜。炜曰：“夫人小而聪了，大未必奇。”融应声曰：“观君所言，将不早惠乎?”膺大笑曰：“高明必为伟器。”

年十三，丧父，哀悴过毁，扶而后起，州里归其孝。性好学，博涉多该览。

山阳张俭为中常侍侯览所怨，览为刊章下州郡，以名捕俭。俭与融兄褒有旧，亡抵于褒，不遇。时融年十六，俭少之而不告。融见其有窘色，谓曰：“兄虽在外，吾独不能为君主邪?”因留舍之。后事泄，国相以下，密就掩捕，俭得脱走，遂并收褒、融送狱。二人未知所坐。融曰：“保纳舍藏者，融也，当坐之。”褒曰：“彼来求我，非弟之过，请甘其罪。”吏问其母，母曰：“家事任长，妾当其辜。”一门争死，郡县疑不能决，乃上谳之。诏书竟坐褒焉。融由是显名，与平原陶丘洪、陈留边让齐声称。州郡礼命，皆不就。

辟司徒杨赐府。时隐核官僚之贪浊者，将加贬黜，融多举中官亲族。尚书畏迫内宠，召掾属诘责之。融陈对罪恶，言无阿挠。河南尹何进当迁为大将军，杨赐遣融奉谒贺进，不时通，融即夺谒还府，投劾而去。河南官属耻之，私遣剑客欲追杀融。客有言于进曰：“孔文举有重名，将军若造怨此人，则四方之士引领而去矣。不如因而礼之，可以示广于天下。”进然之，既拜而辟融，举高第，为侍御史。与中丞赵舍不同，托病归家。

后辟司空掾，拜中军侯。在职三日，迁虎贲中郎将。会董卓废立，融每因对答，辄有匡正之言。以忤卓旨，转为议郎。时黄巾寇数州，而北海最为贼冲，卓乃讽三府同举融为北海相。

融到郡，收合士民，起兵讲武，驰檄飞翰，引谋州郡。贼张饶等群辈二十万众从冀州还，融逆击，为饶所败，乃收散兵保朱虚县。稍复纠集吏民为黄巾所误者男女四万余人，更置城邑，立学校，表显儒术，荐举贤良郑玄、彭璆、邴原等。郡人甄子然、临孝存知名早卒，融恨不及之，乃命配食县社。其余虽一介之善，莫不加礼焉。郡人无后及四方游士有死亡者，皆为棺具而殓葬之。时黄巾复来侵暴，融乃出屯都昌，为贼管亥所围。融逼急，乃遣东莱太史慈求救于平原相刘备。备惊曰："孔北海乃复知天下有刘备邪？"即遣兵三千救之，贼乃散走。

时袁、曹方盛，而融无所协附。左丞祖者，称有意谋，劝融有所结纳。融知绍、操终图汉室，不欲与同，故怒而杀之。

融负有高气，志在靖难，而才疏意广，迄无成功。在郡六年，刘备表领青州刺史。建安元年，为袁谭所攻，自春至夏，战士所余裁数百人，流矢雨集，戈矛内接。融隐几读书，谈笑自若。城夜陷，乃奔东山，妻子为谭所虏。

及献帝都许，征融为将作大匠，迁少府。每朝会访对，融辄引正定议，公卿大夫绵隶名而已。

初，曹操攻屠邺城，袁氏妇子多见侵略，而操子丕私纳袁熙妻甄氏。融乃与操书，称"武王伐纣，以妲己赐周公"。操不悟，后问出何经典。对曰："以今度之，想当然耳。"后操讨乌桓，又嘲之曰："大将军远征，萧条海外。昔肃慎不贡楛矢，丁零盗苏武牛羊，可并案也。"

时年饥兵兴，操表制酒禁，融频书争之，多侮慢之辞。既见操雄诈渐著，数不能堪，故发辞偏宕，多致乖忤。又尝奏宜准古王畿之制，千里寰内，不以封建诸侯。操疑其所论建渐广，益惮之。然以融名重天下，外相容忍，而潜忌正议，虑鲠大业。山阳郗虑承望风旨，以微法奏免融官。

岁余，复拜太中大夫。性宽容少忌，好士，喜诱益后进。及退闲职，宾客日盈其门。常叹曰："坐上客恒满，樽中酒不空，吾无忧矣。"与蔡邕素善，邕卒后，有虎贲士貌类于邕，融每酒酣，引与同坐，曰："虽无老成人，且有典刑。"融闻人之善，若出诸已，言有可采，必演而成之，面告其短，而退称所长，荐达贤士，多所奖进，知而未言，以为己过，故海内英俊皆信服之。

曹操既积嫌忌，而郗虑复构成其罪，遂令丞相军谋祭酒路粹枉状奏融。书奏，下狱弃市。时年五十六。妻、子皆被诛。

初，女年七岁，男年九岁，以其幼弱得全，寄它舍。二子方弈棋，融被收而不动。左右曰："父执而不起，何也？"答曰："安有巢毁而卵不破乎！"主人有遗肉汁，男渴而饮之。女曰："今日之祸，岂得久活，何赖知肉味乎？"兄号泣而止。或言于曹操，遂尽杀之。及收至，谓兄曰："若死者有知，得见父母，岂非至愿！"乃延颈就刑，颜色不变，莫不伤之。

初，京兆人脂习元升，与融相善，每戒融刚直。及被害，许下莫敢收者，习往抚尸曰："文举舍我死，吾何用生为？"操闻大怒，将收习杀之，后得赦出。

魏文帝深好融文辞，每叹曰："杨、班俦也。"募天下有上融文章者，辄赏以金、帛。所著诗、颂、碑文、论议、六言、策文、表、檄、教令、书记凡二十五篇。文帝以习有栾布之节，加中散大夫。

论曰：昔谏大夫郑昌有言："山有猛兽者，藜藿为之不采。"是以孔父正色，不容弑虐之谋；平仲立朝，有纾盗齐之望。若夫文举之高志直情，其足以动义概而忤雄心。故使移鼎之迹，事隔于人存；代终之规，启机于身后也。夫严气正性，覆折而已。岂有员园委屈，可以每其生哉！懔懔焉，皜皜焉，其与琨玉秋霜比质可也。（《后汉书郑孔荀列传第六十》）

4. 东汉末北海风流

北海钩沉

西汉景帝中元二年（前 148 年），始设北海郡，治所在营陵（今昌乐县东南）；东汉光武帝建武十三年（37 年），改郡为国，治所在剧县（今寿光市纪台）。其时北海国下辖 18 县，其中剧县、营陵、平寿、都昌、安丘、朱虚、高密、淳于、东安平、平昌、昌平、下密、夷安 13 个县，就在今天的潍坊市境域之内。献帝初平元年（190 年），孔融调北海担任国相，是年三十八岁，在北海为相六年，他“收合士民，起兵讲武”、“立学校，表显儒术，举贤良”，深受百姓爱戴，时称“孔北海”。

孔融让梨的历史考证

《三字经》“融四岁，能让梨”的故事家喻户晓，其来源于《后汉书·孔融传》中李贤注《融家传》，曰：“‘年四岁时，与诸兄共食梨，融辄引小者。’大人问其故，答曰：‘我小儿，法当取小者。’由是宗族奇之。”这个故事影响很大，但正史中并不曾记载，但却使孔融成为“孝悌”楷模。

“刘皇叔北海救孔融”的史实与传说

如《后汉书》所记，孔融一到北海，即“收合士卒，起兵讲武”，并“驰檄飞翰”，向相邻州郡寻求救援。但因黄巾军兵多势众，孔融至少两次为其所败，处境极其凶险。第一次，孔融大败后退保朱虚（今临朐东南古城村）；第二次，则出屯都昌（今昌邑城西）。

孔融驻屯都昌时，曾为黄巾军管亥部包围，情势相当紧迫。无奈之下，他只好“遣东莱太史慈求救于平原相刘备。

备惊曰，‘孔北海’乃复知天下有刘备耶？遂遣兵三千救之。贼乃散走”。（见《后汉书·孔融传》）

这也就是《三国演义》第十一回“刘皇叔北海救孔融”的故事。这故事脍炙人口，妇孺皆知，而罗贯中也并非虚构：太史慈的确因为其母亲受过孔融的照拂而感恩在心，于是单枪匹马前往北海救援，后又受命星夜出城，求救于平原相刘备。

附《三国志·刘繇太史慈士燮传》

太史慈，字子义，东莱黄人也。少好学，仕郡奏曹吏。会郡与州有隙，曲直未分，以先闻者为善。时州章已去，郡守恐后之，求可使者。慈年二十一，以选行，晨夜取道，到洛阳，诣公车门，见州吏始欲求通。慈问曰：“君欲通章耶”？吏曰：“然。”问：“章安在？”曰：“车上。”慈曰：“章题署得无误耶？取来视之。”吏殊不知其东莱人也，因为取章，慈已先怀刀，便截败之。吏踊跃大呼，言“人坏我章”！慈将至车间，与语曰：“向使君不以章相与，吾亦无因得败之，是为吉凶祸福等耳，吾不独受此罪。岂若默然俱出去，可以存易亡，无事俱就刑辟。”吏言：“君为郡败吾章，已得如意，欲复亡为？”慈答曰：“初受郡遣，但来视章通与未耳。吾用意太过，乃相败章。今还，亦恐以此见谴怒，故俱欲去尔。”吏然慈言，即日俱去。慈既与出城，因遁还通郡章。州家闻之，更遣吏通章，有司以格章之故不复见理，州受其短。由是知名，而为州家所疾。恐受其祸，乃避之辽东。

北海相孔融，闻而奇之，数遣人讯问其母，并致饷遗。时融以黄巾寇暴，出屯都昌，为贼管亥所围；慈从辽东还，母谓慈曰：“汝与孔北海未尝相见，至汝行后，赡恤殷勤，过于故旧，今为贼所围，汝宜赴之。”慈留三日，单步径至都昌。时围尚未密，夜伺间隙，得入见融，因求兵出斫贼。融不听，欲待外救，未有至者，而围日逼。融欲告急平原相刘备，城中人无由得出，慈自请求行。融曰："今贼围甚密，众人皆言不可，卿意虽壮，无乃实难乎？"慈对曰："昔府君倾意于老母，老母感遇，遣慈赴府君之急，固以慈有可取，而来必有益也。今众人言不可，慈亦言不可，岂府君爱顾之义，老母遣慈之意耶？事已急矣，愿府君无疑。"融乃然之。于是严行蓐食，须明，便带鞬摄弓上马，将两骑自随，各作一的持之，开门直出。外围下左右人并惊骇，兵马互出。慈引马至城下堑内，植所持的各一，出射之。射之毕，径入门。明晨复如此，围下人或起或卧。慈复植的，射之毕，复入门。明晨复出如此，无复起者，于是下鞭马直突围中驰去。比贼觉知，慈行已过，又射杀数人，皆应弦而倒，故无敢追者。遂到平原，说备曰："慈，东莱之鄙人也，与孔北海亲非骨肉，比非乡党，特以名志相好，有分灾共患之义。今管亥暴乱，北海被围，孤穷无援，危在旦夕。以君有仁义之名，能救人之急。故北海区区，延颈恃仰，使慈冒白刃，突重围，从万死之中自托于君，惟君所以存之。"备敛容答曰："孔北海知世间有刘备邪！"即遣精兵三千人随慈。贼闻兵至，解围散走。融既得济，益奇贵慈，曰："卿吾之少友也。"事毕，还启其母，母曰："我喜汝有以报孔北海也。"

孔融举贤良，为郑玄专设"郑公乡"

据《后汉书·郑玄传》所记，当孔融任北海相时，其"深敬于玄，屣履造门"，亲到郑玄府上拜访。他为郑玄办的第一件事，便是将郑玄唯一的儿子郑益恩举为孝廉；第二件事，即以国相名义发布告示，为郑玄特立一乡，名"郑公乡"。在孔融亲拟的这份文告中，他说："昔齐置'士乡'，越有'君子军'，皆异贤之意也。郑君好学，实怀明德。昔太史公、廷尉吴公、谒者仆射邓公，皆汉之名臣。又南山'四皓'

有园公、夏黄公，潜光隐耀，世嘉其高，皆悉称‘公’。然则‘公’者仁德之正号，不必三事大夫也。今郑君乡宜曰‘郑公乡’。”其文辞可见他对郑玄评价极高。而且他还认为，以“郑公之德”，岂能“无驷牡之路”？因之“可广开门衢，令容高车，号为‘通德门’”。他对郑玄的这份礼遇，的确非同寻常。

孔融对郑玄如此推崇敬重，郑玄自然无比感动，欲投桃报李。适逢黄巾军管亥部围困都昌，孔融的情况相当危急。郑玄得知消息，即派独生子郑益恩驰赴救援。交战中，郑益恩竟不幸殒身。

英雄割据虽已矣，文采风流今尚存。

曹操迁献帝都许昌，孔融先后担任将作大匠、少府、太中大夫等职。这时曹操专权，他与曹操政治上颇有分歧，每多乖忤，终于在建安十三年（208 年）被曹操所杀。

孔融是东汉末年一代名儒，继蔡邕为文章宗师，亦擅诗歌。魏文帝曹丕悬赏征募他的文章，誉为建安七子之首，叹为“扬（雄）、班（固）俦也”（《典论·论文》）。

三　眼前路与身后身——古建修复那些事

园林大家陈从周曾说过，造园困难，管园亦不易，一个好的园林管理者，他不但要查看园的历史，更应知道园的艺术特征。尤其重点文物保护单位，更不能鲁莽从事。须照原样修复，不得擅自更改，否则不但破坏园林风格，且有损文物。

古迹之修复，非仅建筑一端而已，其环境气氛，陈设之得体，在在有史可据。否则何言古迹？言名胜足矣。

惜乎专家之言，在权力面前，却是“纷纷世议何足道，尽付马耳春风前”。

近人常以个人之喜爱，强加于古人之上。

1998年，丁伟志陪胡绳老游十笏园后，晚上回到宾馆，曾赋打油诗一首：“高楼脚下故宅西，依旧庭苑柳如丝。游人不识书卷趣，砚香阁里卖估衣。”这是戏说，当时那里卖的并不是什么“估衣”，而是品位较差的一些工艺品。

有些古建随意改建，如陈从周所言：池馆已随人意改，题篇还逐水东流，漫盈清泪上高楼。

有些自鸣得意，狗尾续貂，既无专业知识，又缺审美意识，按自己意愿，把古建作为历史小姑娘，随意打扮。古建筑居然西装革履，无以名之，名之曰“不伦不类”。打着修旧如旧的幌子，刻意营造沧桑感。

有些单位因财政资金充裕，为花钱而修复，一掷千金的派头，若主人复生，恐汗颜无地。

有些缺乏基本历史文化知识，又夜郎自大，往往让真正懂行游客腹诽不已。

冰冻三尺非一日之寒。大环境好了，软环境无力，也是枉然。

好有一比，那就是明代竟陵派领袖钟惺评述曹操《邺中歌》中的最后四句：

古人作事无巨细，
寂寞豪华皆有意。
书生轻议冢中人，
冢中笑尔书生气！

轻议惹古人哂笑，乱改呢？

古建修复，任重而道远！

附录 1

少小离家老大回——《故乡的家事》

丁伟志

老中国是个农民的国度，历来安土重迁，把家乡看得很重，把出门在外也看得很重。出于某种原因，不得不离开家乡到外地生活，人们习惯地总把它看成是很不情愿很无奈的事，甚至是视之为艰难而充满风险的畏途；不管在外地混得好坏，都统统伤感地状之为“背井离乡”。“背井离乡”的人，于是乎便自命为漂泊无定所的“游子”，世代定居地于是乎也就成了游子魂牵梦萦的“故乡”。于是乎，游子意、故乡情，也就成为诗人骚客吟咏不歇的一个永恒主题。

其实，游子们“游”的目的与处境，是很不一样的。为了求知识的，叫作“游于学”；为了升官的，叫作“游于仕”；为了发财的，叫作“游于商”；无固定职业到处流浪的，叫作“游民”；逐水草而居放牛牧羊，叫“游牧”；和尚离开本庙云游四方，叫“游方”。最不济的，是因天灾人祸而在家乡无法再活下去，而不得不出外找条生路的人们。这些人以逃命为唯一目标，他们的外出自然已经毫无稍带“自由度”的“游”的意味了，所以他们只是逃难的“难民”。只记得我们在“自然灾害”的年代里，我们的官方给他们起过一个很特别的名字，叫他们“盲流”。这名称，倒也生动。四顾茫然，何处是能够吃上一口饱饭的去处，实在不知道，只好撞大运，走到哪儿算哪儿，哪能不是“盲目流动”呢。

在外的身份之不同、处境之不同，与其在家的身份之不同、处境之不同，显然是直接相关的。不待言，不同身份的在外的人，他们的心目中，“故乡”绝不会是一个模样。思乡，是人之常情，可是因活不下去而逃难在外的人怀念于故乡的，充其量也只能是乡土亲情。这和殷实之家的在外游子的思乡，自是不可同日而语的。姑且不说人们“故乡情结”的这些区别，仅就“故乡情结”的史不绝书而言，也足以说明“安土重迁”的中国，实际上历来有着大迁徙、大移民的传统。

翻翻专家所写的“移民史”之类著作，就不难了解，中国历史上的大规模移民，大都与战争或灾祸相关。也就是说，那些大移民，免不得都是些扶老携幼、颠沛流离的情景。战争，来势自是凶猛，那种逃难当然是更加残酷而悲惨。南北朝时期、金宋对峙时期，少数民族争霸中原，中原的汉族土著大批南迁，都形成过这种局面。饥馑灾荒，对于老百姓来说，是不似战争却酷于战争、足以导致家破人亡的横祸。有清一代，山东人大举“闯关东”，那种为逃命而逃荒进行的长途跋涉，所受到的折磨煎熬，绝不亚于在凶残敌军驱赶下的死里逃生。中国历史上的移民，大致上都是这样不堪回首的苦难史。至于其后果，当然得另作别论。南下的土族促成了华南经济繁荣和文化鼎盛，北上的灾民开发了东北广袤的黑土地。

值得留意的是，历史上还有另一种性质的大移民。如果说难民为逃生而流亡，是在“与禾斗、与地斗”的斗争中的失败者的移民、弱者的移民，那么，历史上确实还有一种斗争胜利者的移民、强者的移民。摧城拔寨、扩土辟疆，乃至取得“改朝换代”的战争胜利者，都不免捎带着实现胜利者的大移民。这样的移民，当然不会有难民们的凄凄惨惨，而是只会有征服者的趾高气扬、权利受益者兴高采烈了。当然他们也还会有故乡之思，不过会不会像落拓的流浪者那样具有“月是故乡明”的情怀，可就很难说了。

中华人民共和国的建立，绝不好与旧式的改朝换代混作一谈，但是，这的确是中国历史上空前的一次高歌猛进的胜利者大移民。解放军官兵和随军队之后陆续进驻新解放区的干部，构成了胜利者大移民的主体。当然，伴随着胜利者大移民的，还有同时发生的失败者大移民，溃退的国民党官兵及其追随者即是。这次大移民的规模究竟有多大，没有见过确切的统计数字，但涉及的人数众多是无疑的，这在世界历史上也当算得少见的壮举。且不说台湾岛上，居民构成的变化之大，就拿北京来看，岂不也是经历了史无前例的移民浪潮的大洗礼吗？不知道20世纪50年代的北京有没有户籍记载，老北京的住户占多大比例？外来户占多大比例？改革开放以来，在中国大陆上又一次涌动了大移民的新高潮。这是1948年后大移民的继续与发展。这次大移民具有了为经济建设所推动的明显的新特征。大量农村人口涌入城市，形成前所未见的“打工潮”；到国外“打工”、留学、移民的，也与日俱增。回顾50年来中国的移民史，实在是历史上的一件大事，它的影响有多大，它的意义有多大，恐怕要等几十年后或几百年后才能看得明白。眼下也看得出来，50年来伴随着居民的大规模流动，中国的社会构成发生了巨大变化。越来越多的寻常百姓家，已经深深感到这次社会大变动的强烈冲击波。

这样的社会大变动引起的移民浪潮，自然使得人们的故乡情结也随之发生变化。第一代无疑地时有“低头思故乡”的情感上心头，第二代、第三代呢？那可只能“错把他乡作故乡”的份儿了；更确切些说，他们的出生地，本来已经是他们的真正故乡。我在常居北京50年之后，仍然在填写一些表格中“籍贯”栏目时，毫不犹豫地填上“山东潍坊”，可是我的儿女们，却都毫不犹豫地填上“北京”。再下一代呢？他们的“籍贯”是哪里呢？恐怕很难说都还是北京了。看来旧习惯中的“籍贯”渐渐要被更加切实的“出生地”所普遍代替了；“祖籍”，只能是一种在寻根中令人牵动思绪的亲切而又遥远的梦境般的“他乡”。

我们夫妇有幸成为20世纪40年代末、50年代初那场胜利大移民的参与者，而且自从移居北京后，50年来即定居于我们的这个闻名于世的国都。屈指算来，在北京居留的时间，已达我们生命的5/7，而且这过程还在延伸着，比例还在增加着，暂时也还测算不出何时达于胡底。无论如何，从自身的实际经历看，如今再也不好说仍然是“客居北京”了——尽管我们在写籍贯时还是填“山东”，甚至直书“山东人”。

故乡对我来说，已是一个十分遥远的梦境，那梦境，时而清晰，时而朦胧。老实说，在北京已经从我心目中“第二故乡”的位置稳稳地上升为“第一故乡”之后，我对山东故乡情感已经渐趋淡漠。多年来我对于山东的老家，并没有产生过魂牵梦绕的乡思乡愁。不过，我保留着一份乡情，有时会想起我在故乡度过的早岁时光，以及故乡的景物、亲属与师友。不管怎么说，故乡仍旧是我踏上人生旅途的第一站，是我受到文化启蒙的地方。我不应该忘记它对我的恩赐。记得这份情，所以我在1991年因公路过潍坊，参观十笏园，博物馆馆长要我留下题词时，便毫不犹豫地写了：“仍恋故乡水，万里送行舟。”

更为值得一提的是，到了古稀之年，我才觉察到自己成了那个旧时代名门望族的大家族的历史见证人；而那样的大家族，已经在中国大陆永远消逝。那样规模的“地主之家”及其繁复的社会关系网，已变成发黄的上个世纪的老照片，变成恍如隔世的历史陈迹，它再也不可能在中国现实的社会生活中重新出现。17岁那年，我告别家乡投身革命的时候，满腔是弃家从戎的献身激情，完全不懂得那个我所要背叛的大家族，还具有什么社会学历史学上的典型意义。我那时只是抱着快意看着那个及那类的“地主之家”的消亡，丝毫没有意识到研究末代的地主家族史所具有的历史价值。如今，岁月流逝了50年之后，我终于明白亲历过那样大家族的历史、感受过它的实况及细节的人，已日渐稀少。于是我产生了把自己能够搜寻到的片断资料和零星记忆整理出来，提供给后来人一桩历史文本的愿望。当然为求其真实，只好采用白描的办法，尽量避免去做过多的理论的评判或感情的抒发。

应该预先交代清楚的是，1948 年 4 月，中国人民解放军第三野战军许世友、谭震林部攻克青岛济南间的国民党重点设防的重镇潍县，旋即宣布成立潍坊特别市，曾山任书记、姚仲明任市长。我的家乡自此掀开了新的历史篇章，而我下边所要叙述的，则完全是这个历史性变化以前的我出生于其间的那个家族的陈年流水账。

（一）家族

先说谱系。

正像个人无法选择自己的出生地一样，个人也无法选择自己的祖先。我被动地接受了那个郑板桥挖苦过的“过完青山是潍县，过完潍县是青山”的潍县做自己的故乡，我同样被动地接受了我那个祖祖辈辈烟火传承的颇有些世家模样的谱系。这真是全然不依个人的意志为转移。我没有挑选它的权利，只有吃力地“寻根问祖”，去追查和记述它的能耐。

据说，丁姓出自吕尚第四子，被封于丁，是为丁公，于是有了姜姓丁氏，此后便衍化作丁姓。我家的族谱上，记载的始祖是武昌人丁兴，并且说他是以铁枪从明太祖起事，立下战功。一世祖丁山，从海州迁居于潍。又说，山东丁姓，均出此族。这些说法，到底有多大准确性，难以确证。但有两点当是事实：一、丁姓，可能与中原地带的许多宗族一样，曾经因战事或其他原因大举南迁，后来遇到某种机会，如明朝取代元朝，就又从南方迁返北方。二、山东的丁姓，确实均可联宗。例如潍县丁家和日照、诸城、烟台等处的丁姓相遇，只要说明是第几世，便可叙长幼，认亲属。我属丁家第十八世，向上数我的家族的事，大体只能数到第十四世。再往前，则连道听途说的事，都没有了。小时候听说，城外有祖茔。“七七”事变前，每逢清明，族人都要去扫墓，可是我太小，从来没有去过。战乱起来，这种典礼也就不再举行了。丁家也有祠堂，即所谓“丁氏家庙”。祠堂址在东门里大街曹家巷南口路北，后来辟作群化小学的教室，我读小学时还在那里上过课。那时候一个个神主楼子都还摆在台上。“神主楼子”，就是一座座油漆鲜亮辉煌的小房子，里边供着像小小的碑的模样的神主牌位。不过我从没有留心去看神主牌位上写着的是哪几位祖宗，同窗小友们只是抱着敬畏的心情，不敢去损坏它而已。

折实计算，早年我在故乡只住过13年，加之正值年幼无知，所以我对故乡及家族的事，知道的自然很少。但是丁家在潍县是数一数二的望族，还是留有很深的印象。太远的远房，我没办法理清，记得明白的是较近的六房。按当地的方言，“房”叫作“宅”；丁家依次便有大宅、二宅、三宅、四宅、五宅、六宅。所谓的“宅”，最初当是单门独户，可是慢慢繁衍分化，一个“宅”便又分成了许多独立的小门庭。我所见到的“六宅”，已经不是六户，而是几十户人家了。

这几宅的渊源，大约得从十三世祖先克成说起。克成有四子：廷模、廷举、廷选、廷珍。这四位，当即丁氏大、二、三、四宅的创始人，也就是说，我们丁家是到了第十四世上，才有了这么四个独立的门户。

大宅，无疑是我们丁家当年的长房，等到我出生的时候，他家和我家这一代（第十八世）已是到了五服的边缘。只记得小时候过年时，跟着大人们去大宅拜过祖先的牌位，平时已很少交往。那时候他们家业已经完全败落，我的三位堂兄都是非常本分的人，但是也十分无能，根本无力重振门庭。他们家里常常会有揭不开锅的时候，穿着破旧长衫的某位堂兄，便会到我们这些生计较好的人家登门向长辈问安；借钱的话，他们都张不开口，我们家里的人便赶忙送上两三毛钱（约合现今的五六元），请他贴补家用，他便会默默地收下，再默默地坐一会儿，然后起身告别。连一个谢字，也羞于出口。那样一种大家的破落子弟特有的心理与神态，如今是看不到了。

丁家的二宅，到我们这一代，也到了五服的边缘。他们宅门上人口众多，我见过的堂兄就超过十位。他们的年纪，大体上都相当我的父叔。我只能叫得上最小的一位堂兄“十九哥”的名字，他叫丁晓岚（当是他的字）。他是我小学的老师，语文、数学，都教得很好，别的课也都可以代。校长不在，他就代理校长。清贫而庄严，是一位在学生中很有威望的师长。二宅的境遇，也是家道中落的模样，不过还没有败落到需要靠“告帮”（即借债或求援）度日的程度。

丁家的三宅，倒是独门独户。听家人说，他们是几代单传，且理家有方，一向殷实而不张扬。堂兄伟震，也当过小学教员。

四宅，即是我这一支。我的高祖名廷珍，字致堂。他有 3 个儿子，即善宝、善庆、善长，这就是我的曾祖父辈。曾祖父弟兄们再分家，于是使上宅里又分出了五宅和六宅。四宅住胡家牌坊街路北老宅，五宅住东门里大街路北，六宅住南门里大街路西。

丁善宝，字黻臣，号六斋，是名园“十笏园”的创建人，能诗文，有《六斋诗存》存世。他在世时，家境是最富裕的时期，可是他生了 5 个女儿，生一幼子毓春却又夭折，不得已过继了二弟善庆的长子毓庚。毓庚便是我的亲祖父。

丁善庆，字寿臣，生二子，长毓庚出嗣，次毓麒。善庆，事实上是我的亲曾祖父。

丁善长，字心臣，号莲峰。无子女，过继毓庚次子锡纶为孙。他家的家业从未分割，而且据说精心理财到吝啬的程度（说是当年他们家的钱库里堆满了制钱，串钱的钱串子都烂了，也不舍得用），几代下来，产业聚积得很大，遂成为丁氏家族中最富裕的一支，也是潍县的首富。按市亩计算，他家的田地大约上万亩，此外还有一些商号。这份家产，他家一直维持到20世纪40年代。

善宝三兄弟，文化素养均好，擅诗画，各有文集或画册遗世。不过，兴许是家境太好的缘故，他们都没有出去做官。善宝名义上是个举人，但那是花钱捐的。胡家牌坊旧居大门上方挂着一块“进士第”的匾，但那是善宝的伯父，即我的高祖辈的丁廷模（字伦楷）所得的功名，他是清道光癸未进士。

我的祖父丁毓庚，字星甫，他继承了四宅的全部产业。但我小时候听老人们说，那5位老姑奶奶都非常厉害，把各种值钱的细软拿到婆家不少，与我的祖父间也生出了一些纠葛。据说，祖父概取息事宁人的退让态度。想想也是，人家亲生女儿，怎么就没有继承权呢！祖父毕竟是占了旧的宗族家规的光，继承了偌大一份家产。据现在看到的记载，土地约有大亩4000亩（当合12000市亩），胡家牌坊旧宅住房四百余间，此外还经办着钱庄、货栈、当铺、商号，成为家大业大、声名在外的富户。我出生时，祖父已经去世，活了55岁。

我的祖父原配诸城王氏夫人，生了三个儿子。长子锡彭，秀才，能诗，18岁去世，夫人张氏亦能诗，他们夫妇有诗集《贞园诗钞》遗世。祖父的二子锡彤，早殇。祖父的三子锡纶，字叔言，也就是我的三大爷，即过继给六宅的那一位。他能诗能画，精明过人，在我们下辈心目中是位家长式的人物。王氏祖母，在三伯父出生后，随即病故。两年后，祖父又迎娶本县陈氏夫人。陈氏祖母，生了两个儿子，即我的父亲和我的十叔（锡铭，字笏丞）。不久我的陈氏祖母又病故，祖父纳了偏室诸城戴氏，戴氏祖母生育了5位姑姑。七姑早殇，八姑淑蕙嫁安丘赵汝濂，九姑淑英嫁高密张怀新。九姑去世后，十二姑淑芳（字润如），又嫁张怀新做继室。十四姑淑蓉（字镜如），嫁本县于寅（季虎），后住青岛，2001年去世。祖父在宣统元年，迎娶了章丘旧军镇孟家小姐做继室，即我的孟氏祖母。孟氏祖母，只生育了一位姑姑，即十三姑淑荳（字湘汀），她嫁给了家住北京的安徽寿县孙家。

祖父去世后，到了我的父辈手上，四宅便分成了三房，即长房锡彭伯父、父亲锡田和十叔锡铭这三房。大伯父无子，便把已经过继到六宅去的三伯父的次子笃志又过继过来，继承大伯父的香烟。除了这三房之外，还有孟、戴两位祖母在，他们也各自分得一份产业。所以，四宅事实上已一分为五。三房分了胡家牌坊祖居：十笏园及故宅西侧前区，归长房；西侧后区及后花园，归十叔；我父亲分得故居东侧房舍，外加城东南郊的草庙子花园。此外，三房还各分得田地和其他房舍、铺面。两位祖母未分房，孟氏祖母住了我们所分得的两个院落。戴氏祖母住了长房分得的一座两层的小楼。这次分家，是在我出生前后，约是20世纪20年代末或30年代初。我小时候听大人说，分家产时还十分紧张，用抽签的办法做的决定。父亲所分到的这一份，在人们心目中，是最次的。特别是前后两个花园，条件显得分外优越。父亲抽到的是个下下签，懊恼得一夜没有睡觉，可也只好接受既成的事实。我3岁那年，我们这个小家，便搬到了故居东北侧新分到的房子里去。我还影影绰绰有那么点搬家的影子，大概是觉得挺好玩儿的。大约这是1933年或1934年的事。我们这三房的男丁，都不兴旺。我们这一代，是丁氏第十八世，名字均取“志”字。不过男的都叫什么“志”，女的都叫“志”什么（有少数例外，也叫什么“志”）。我出生时，取的名字是“嘉志”，百日时得到一个长命锁，上面就是“嘉志”这个名字（非常出人意料，这个小牌牌，历经劫难，并未遗失，至今仍留在我的手里）。大约是没过多久长辈们突然发现族谱上哪一代祖宗的名字用过这个“嘉”字，为避讳我必须改名。不知父亲，还是父亲的老师，就给我取“伟志”这个新名字。按照中国人起名字的习俗，总爱反其意而用之，希望他高贵的就给他取个下贱的“阿猫”、“阿狗”那样的名字；看到他绝顶聪明，就叫他“若愚”；看到他是真理的化身，就叫他“若非”。大约父辈们正是看穿了我不会有多大出息，于是就给我取了这么个似乎有很大野心的名字。可是好像并没有起到什么激励作用，到了，到了，还是没有多大出息。

到我们这一代，长房是过继来的笃志，父亲这支只有我这个男孩；十叔原本也是只有我叫作五哥的存志，后来十叔又娶了一房，陆续生了三个男孩，我只认识大的一个叫作宏志。也算是阴盛阳衰，上一代和我们这一代的姑娘们都特别多。我见过的姑姑，有5位。我有两个姐姐，即志萱、志香（丁键）。十叔家有三个姐姐，即志华、志敏、志荷。后来的十婶，又生了两个妹妹。到了40年代末，我们那个大家庭大体上就是这种模样。当然因婚丧嫁娶引起的变化还是不断发生的。抗战后期，三伯父一家因其住宅已被日本宪兵队占领，也就搬到我们胡家牌坊的旧宅来住。这一来，人口又陡增了。三伯父有5个儿子、5个女儿。除一个女儿（志芳）、一个儿子（端志）亡故，两个女儿（志芬、志馨）早已出嫁外，大哥澄志、三哥述志、五弟永志、六姐志芙、七姐志芸，以及大嫂郭氏，全部都跟随伯父母一起住了过来。按亲缘说，他们和我们本来就是同一祖父的后代，所以相处得还是相当亲热，像一家人。

至于我的本生曾祖那边（五宅），是由我的二祖父、即祖父的胞弟毓麒（字仲甫）继承起家业。他有两个儿子，即我的四伯父锡章（字文初）、九叔锡桓（字献之）。后来分家，九叔搬到棋盘街路东。四伯父生育了三男（达志、尚志、养志）一女（英志），九叔生育了三男（明志、宣志、承志）三女（慎志、巽志、洁志）。人口比我们这边还兴旺些。由于他们和我们这边未出五服，所以较诸其他族人，交往还是多些。

通过这样一番烦琐的（而实际上是粗略的）介绍，大致可以看出，我们那个在当地名声很响的“丁四宅”，无非就是巴金在“激流三部曲”里所写的“高家”一类的“地主之家”；只是这丁家比那“高家”，似乎规模更大些，亲族关系也更复杂些。地主大家庭内部状况，也一如巴金笔下的“高府”。这个正处在衰败中的大家庭里的人物，也是形形色色。女性可以不去说他，因年长的多是家庭妇女，年轻的还是学生。男性则差异极为明显，在我的父兄辈中，有道貌岸然的道学先生，有饱食终日无所事事的庸人，有吃喝嫖赌的浪荡公子，吸食鸦片的也有三四位。至于陷身反动政治的，倒是不多，只有一位向来不务正业的堂兄（二哥笃志）1948 年前当过保长，后被关押并发配青海，死在他乡。可是比他小两岁的一母同胞的胞弟（三哥述志），却是一位当了一辈子中小学教员的品行端正的正人君子，至今仍然健在。笃志生的两个女儿若楠、若栖，倒是自我奋斗了出来。若楠十三四岁即参加革命。若栖 50 年代上了大学，又读了研究生，一直在大学里教书。

按说我们这一支，还是算得上有着较为深厚传统的文化世家。历代颇有一些长文事、擅书画的人物。到了我的父辈，继承这一传统的代表人物，是三伯父和我的父亲。三伯父，文章、诗词、书法、绘画均好，父亲则热衷于钻研历史和地理、编纂地方史志、整理乡土文献一类的事。他们兄弟二人，还热心教育事业，一人担任着一个小学的校长。不过，三伯父，还曾经参加过抗日的游击活动，又有被日伪俘虏的经历，我的父亲则是什么政治活动都没有沾边的读书人。

现在轮到说我的小家庭了。

和大家族不同，我的小家庭，作为一个独立的经济单位的小家庭，是很简单的五口之家。父亲丁锡田，字倬千，号稼民，光绪十九年（1893 年）生。母亲，王咏莪，也是光绪十九年（1893 年）生。他们都和毛泽东同年，只是生日略大些，父亲生日是夏历五月初四，母亲生日是夏历十月二十。他们生育了我们姐弟三人。父亲大约是小时严重缺钙，脑袋长得特别大，是家乡出了名的大头。他一生烟酒不沾，一心扑在学术和教育事业上，是我们那个大家族里出了名的书呆子。他除了热心于办学（他办的小学叫作群化小学，校址在城里曹家巷南口路西，50 年代初才改编为市立的第十四小学并迁至市郊，现今演化为潍城区实验小学）以外，主要是把精力放在研究古代史、历史地理，以及搜集整理乡土文献方面，是顾颉刚先生主持的“禹贡学会”会员。他花了相当大的精力和财力，扩大藏书的规模，30 年代我家已成为当地最大的藏书之家。他的藏书中最有特色的是，搜罗了已有的全部山东各县的地方志。其中明万历本《潍县志》，是托正在清华读书的张政烺先生从北京图书馆全部抄录的。30 年代编成的《潍县志稿》，事实上是由父亲约集同仁们编成的。父亲编著的著作有：《潍县文献丛刊》3 卷、《小书巢文钞》2 集、《十笏园丛刊》、《习庵丛刊》、《后汉郡国令长考补》、《稼民杂著》等。1941 年夏历四月病逝于北京“禹贡学会”旧址，时年未满 48 周岁。我有这样一个学者型的父亲，但是由于他过早地去世，我并未能在学业上受到他多少具体的帮助，充其量从他那里只是模模糊糊受到过一些学术精神的感染而已。至于我的母亲，是我的外祖父的幼女，也是幼年失怙，出嫁前并不识字，她是婚后，在父亲的帮助下，从学习看图识字的字块开始，渐渐才掌握了阅读能力。她倒是给幼年的我读过许多古典的和民间的文学读物。我的小家庭里的文化气息，在父亲去世后，自然呈现衰势，但是母亲还极力支撑着这一传统，尽一切可能让我们姐弟受到较好的教育，因此两个姐姐得以陆续上了辅仁大学，三姐志萱读的是经济，四姐志香读的是教育。不久，我也到北京考进志成中学读高中。在那个大家族里，我们这样一个小家庭，之所以能够摆脱“地主之家”的陈腐劣俗，可以说主要是得益于从父亲手上起，它具有了浓厚的学术文化气氛。这或许是促使我家姐弟成为那个大家族中最早投向革命，义无反顾地和那个大家族割断联系的一个成因。

说过家世，应该顺带说一说与我家有关的姻亲网。这些姻亲之间，虽不好说是“一荣俱荣，一枯俱枯”的关系，但的确是结成了一面网，千丝万缕，盘根错节。旧时的门第观念，是织成这面网的梭子。亲上加亲的事，数也数不清。本县的丁、郭、陈、张、于、孙、刘、田诸家，诸城的王家、臧家，安丘的赵家，高密的张家，章丘的孟家，等等，都是结成这面网的条条绳。这些家族，大致都是官宦或乡绅之家。且举和我们丁家关系特别密切的几家为例。

我的曾祖父善宝的母亲姓陈，曾祖父兄弟三人娶的又都是陈家的姑娘。她们是不是本家，我说不清楚。但善宝的夫人，是潍县城里增福堂陈家的姑娘无疑。这位曾祖母的父亲叫陈官良，咸丰举人，当过顺义知县；她的伯父陈官俊，嘉庆进士，先后教授过道光、咸丰二帝，道光时历任工部、兵部、户部、礼部、吏部尚书，协办大学士，上书房总师傅，是清末潍县官职最高的一位。而他又正是我的祖母的伯祖父。陈官俊长子陈介祺，是清代著名金石学家；侄子陈介熹，就是我祖母的父亲。也就是说，我的祖母正是我的曾祖母的娘家堂兄弟的女儿。我在潍县的时候，每逢春节，总是在大年初二要首先到小十字口陈府，向“十六舅姥爷”拜年。个子不高、胖胖的、和善的“十六舅姥爷”，是我奶奶的幼弟。长期在延安中央军委工作，后又一直担任中共中央办公厅秘书处处长的陈秉忱，就是陈介祺的曾孙。见诸谱系记载的，我们与陈家已是三代宗亲。

城里西门里张家，是和我们家族关系很多的又一家至亲。张兆栋，就是那位在同治、光绪间，做到广东巡抚、福建巡抚的要员。中法战争，马尾失守，他才被革职回家。我的三舅母就是张兆栋的小女儿，据说她小时候父亲在福建任上，她就跟在身边。我的堂伯母（四伯母），却又是我舅母的侄女，即张兆栋的孙女。再下一代，即张兆栋的曾孙一代，有一位刘氏夫人，是我的哪位姑奶奶的女儿，我叫作四表姑，而她的一个女儿又是我远房的一个嫂嫂；可是我的堂姐，却又嫁给张家，成了那位表姑的妯娌，也就是那位嫂嫂的婶母。完全乱了套。闹得我和年龄相仿的张家弟兄们，至今难以说清辈分。

同是城里的郭宅街郭家，出名的人物是道光癸未进士郭梦龄，咸丰间官至山西布政使。丁家与郭家间结成的姻亲甚多，我的一位姑奶奶就嫁给了郭家，我的两位堂嫂（澄志、笃志之妻）也都是郭家的姑娘。著名画家郭兰村，郭味蕖、郭怡宗父子，都是郭氏传人。于、孙、刘、田诸家，都是我们丁家的老姑奶奶的婆家。我最小的姑姑也嫁给了于家，就和我们家对门而居，当年和我们家来往频繁。

除了本县的大户人家，丁家与外地一些世家大族也有着很密切的姻亲关系，那又形成了一面连环套结的网。例如，我祖父的第一位夫人，是诸城王家的姑娘。我的外祖父家，是诸城的另一王家。外祖父王绳及其弟，是同榜进士，做过内阁侍读、御史一类的四品京官。外祖父的长子，即我的三舅父王宪焘，字叔怡，也是个举人，娶的是张兆栋的幼女。我的母亲是外祖父最小的女儿，是在外祖父去世后嫁到了丁家。三舅父的儿子，即我的七表哥王坚，字守和，他娶的是潍县郭家的姑娘。我的三伯父，第一位夫人，是诸城臧家的姑娘，续弦的夫人则是诸城相州镇王家的姑娘，即文学家王统照的胞姊。我的继祖母，是号称山东第一富商的章丘旧军孟家的姑娘。而孟氏祖母的侄女则嫁给了诸城相州镇王家，即王统照的夫人。所以我们姐弟，管王统照叫二舅，管他的夫人却叫表姑。孟氏祖母所生的我的一位姑姑，嫁给了因筹办京师大学堂而闻名的孙家鼐家。孙家原籍安徽寿县，然自清末定居北京和平门里旧帘子胡同。这位姑姑婆家的小姑，嫁给了孔德成，成了衍圣公夫人。拐弯抹角，我们丁家，算是和孔府孟府都沾上了点亲戚。

如此这般的一环套一环的网络，还可以列出许许多多。其头绪之多，关系之繁，实在是外人难以理清的。宗法社会的特征，在我所属的那个大家族身上，体现得是非常清晰的。这些大家族，确实是靠着宗法的婚姻的关系联结在一起，维系着一个旧时代的上层社会。

（二）家园

家族和家庭的概貌大体讲过之后，现在该描述一下我那个旧日的家园。

这里所说的家园，只限于坐落在潍县旧城城里东北区胡家牌坊街路北的丁家四宅的旧宅，其他房产概不涉及。

胡家牌坊老宅，原系明嘉靖间刑部郎中胡邦佐带有花园的故宅，光绪初由丁善宝重金购得，改建修缮而成。以此为基础，后代又陆陆续续做过不少扩充，乃成潍县城里的头一份大宅门。

旧宅的大体上的四至是：南面是胡家牌坊街，东面是梁家巷子，北面是安乐街，西面是关帝庙巷子。但这也只是一个大致的范围，其实南面沿街还有丁氏二宅的四五个门口，还有一家姓宋的。东面的梁家巷子、北面的安乐街，也零星住着一些人家。我们家的旧宅院，估计大约有住房四百余间，前后有两座花园，此外还有一些粮仓、马号之类。胡家牌坊街上并列着两个大门，东侧的是我家的正门，西侧的是前花园（即十笏园）的大门，现今两个大门均保存完好。我家的正门，当年是门牌 7 号。大门黑漆，门楼内上方悬着一块写着“进士第”三个大字的匾，大门上的对联是“诗书继世”，“忠厚传家”。门楼下，两侧各有一个石墩。进得大门，东侧有小门房一间，门洞西侧常年安放着矮脚长凳一条。迎面是影壁，平日就是一面粉墙，到春节时便在正中挂起写着“鸿禧”二字的长方形红纱灯。从影壁前往西，进二门，南面有一排临街的南房，进北首垂花门楼有一方方正正的院落，正房便是这所宅院的大厅，家里人叫它“厅房”，院子里有东西两厢。这格局，是标准的四合院。厅房，自是当年接待重要宾客和议事的地方，不过从我记事起，那里就一直都被军政机关所占用。只记得1943年三伯父家述志三哥完婚，是在这个院子里拜的天地。沿垂花门楼外的临街小院西去，北侧有与厅房平列的院落，院落南房为过厅，北房即“碧云斋”。沿此院落外往西再进一道门，即十笏园。在我的记忆中，十笏园单独的那个临街的大门一向都关着，进园都是进老宅正门从厅房前的小院穿过。

十笏园，是如今在大江以北民间保存得最完好的唯一的苏州式园林。十笏园，是我的曾祖丁善宝，于光绪十一年（1885年）所建。园子面积很小，仅2000平方米。丁善宝在《十笏园记》中，说明命名“十笏”即取其至小之义：“署其名曰十笏园，亦以其小而名之也。”然而，在小小的园中，建筑的构思巧妙，山池花树、亭台楼榭，布局谨严而不呆滞，疏密有致而多变化。站在园中，从任一角度望去，所见图像均成别具风情的景观。临街的一排南房，是“十笏草堂”，悬陈介祺书匾额“无数青山拜草庐”。草堂面对一片池塘，当年塘里是满池荷花（如今已经没有满池荷花，而是改种了些零零星星的睡莲）。池塘东侧叠石成山，山下傍水一亭题作“漪岚亭”；山脚下南侧一亭为“落霞亭”，有郑板桥手书：“聊避风雨”；山上一亭，题作“蔚秀亭”，亭内镌有金农画白描罗汉图，有对联曰：“小亭山绝顶，独得夕阳多。”池塘西侧，是一字游廊。游廊南端有一小亭，亭上有匾曰“小沧浪”。游廊内墙上有多幅石刻，刻的是在潍县任县令7年的郑板桥所画的竹石兰花及《十笏园记》。池塘正北是“四照亭”，它实际上是建在水中央的水榭，大约是因无墙有顶而叫它“亭”的。

“四照亭”的匾是清末状元曹鸿勋所书；亭外挂有清代书法家桂馥手迹“涛音”。“四照亭”西有曲桥与游廊相连，东北侧则有小桥连接仿船形小石舫“稳如舟”。“稳如舟”有匾有联，联曰：“山亭柳月多诗兴，水阁荷风入画图。”“四照亭”后有镂空花墙和后院相隔。花墙中央是八角形空门，门上镌“鸢飞鱼跃”四字；门内矗立一太湖石，玲珑剔透。内院即十笏园主建筑，正面是二层的藏书楼“砚香楼”（这是园内仅有的胡家花园遗存的明代建筑），西侧是二层小楼“春雨楼”。院落东侧有一月亮门，通一小院，用作花圃。自“四照亭”至“砚香楼”，正面有水相隔，不通行；只有通过前边园内的游廊中小门，才能进入“砚香楼”院。那个小门正对“春雨楼”南山墙的圆窗；窗前也有一小块太湖石。游廊的小门两侧也有对联，上联是“于心有不慊”，下联是“即事多所欣”。这副联，是李鱓的作品，其立意与书法均较“稳如舟”上那副不知名作者的对联好得多，当然它也很有些提倡及时行乐的味道。十笏园的正门（即如今走的、挂着“潍坊市博物馆”牌子的大门），在“十笏草堂”西侧。进得大门，往右首向东入月亮门，就是上边介绍的十笏园的主体建筑群。进大门往左首拐，进北边的二门，则进入十笏园的西跨院。跨院共三进，主体是第一进的书房，即我的父辈幼年读书的所在“深柳读书堂”。西厢房“静如山房”、“秋声馆”，是客房。“深柳读书堂”前院，东墙亦留有月亮门，与十笏园内游廊相通。“深柳读书堂”后的第二进院落是“颂芬书屋”，已处“砚香楼”西侧。第三进院落是我的父亲开始从事学术研究的处所，原名“雪庵”，康有为过十笏园时改题为“小书巢”。老实说，十笏园是我的父祖辈读书、游冶、会友、宴客的地方，于我这一辈来说，却不过是个一年内难得去玩上一两次的公园。原因是从“七七”事变以前，它一直是为军政机关所占用。据说潍坊市档案馆藏有30年代初拍摄的我家家人游十笏园的小电影胶片，其中还有被大人驮在背上的我；那大概是两三岁的样子，在我的记忆中自然全无踪影。十笏园于我，事实上是相当隔膜的，几十年后残留在我的脑海中的十笏园，只不过是些片段的梦境；或者说，十笏园对于我，就像是儿时读过的一首有情趣的、仍然留在记忆里的朦胧诗。不能否认我还对它有所留恋，但那好像仅仅是对于自己曾经感受过的文化气氛的憧憬。当年父辈曾在园中结社吟诗。1925 年秋，康有为来访，在十笏园里住过三天。康有为留有《题赠丁氏十笏园》的诗，诗曰："峻岭寒松荫薜萝，芳池水面立红荷。我来桑下几三宿，毕至群贤主客多。"应酬之作，实在算不得好诗。给我父亲写的对联，倒还较好地体现出他的心情，联曰："彩云思作赋，丹壁问藏书。"不记得父亲在世时对我说起过与康有为会面的事，是在他去世后很久，我才看到康氏给父亲写的对联。不过，我对那样的文人雅集，还是免不了心向往之。20 世纪 80 年代初，重返故里，对于这座江北名园能够保护完善，感到格外欣慰。当然也稍有不令人满意处，那就是只见园林如旧，却寻觅不到那样浓郁的文化气息了。所以 1998 年，陪胡绳老游十笏园后，晚上回到宾馆，曾打油一首："高楼脚下故宅西，依旧庭苑柳如丝。游人不识书卷趣，砚香阁里卖估衣。"这是戏说，当时那里卖的并不是什么"估衣"，而是品位较差的一些工艺品。词语戏谑，未能达意。其实我对于这个园子至今能够大体上保持了原有风貌，已经是由衷地感到欣慰了。今人著名园林大家陈从周访问十笏园，触景成咏："老去江湖兴未阑，园林佳处说般般；亭台虽小情无限，别有缠绵水石间。"又说："北国小园，能饶水石之胜者，以此为最。"当是确评。

与我的童年关系密切的，不是十笏园，而是故宅东侧的大片住宅区。进得故宅的大门往右手（即往东）拐，向北右一条长约二百多米的巷子，当地叫作过道。过道两侧有着许多院落，这便是当年大家族的生活区。

先说过道的西侧。西侧前区，是我大伯父名下的产业，由笃志实际继承。第一个小门，里面有一间小房子，里边供着自我的高祖丁廷珍起而下的历代祖先的神主牌位，逢到他们的冥辰和忌日，都要上供祭奠，不过礼仪也渐渐简化。记得当年有位姓计的老仆专司其事，到了那一天，他就找出一个后世子孙来做代表，到这间小屋里焚香叩首酹酒。大概是大人们不大愿意干这差事，所以 40 年代初的几年，那位和颜悦色的老人家常常是抓到我来充当这份“孝子贤孙”代表的角色。这个供神主的小小家庙，就是前边介绍过的那个厅房的东耳房，只是把它用墙和正房隔断了而已。从此沿过道北去的下一个院落，“七七”事变前为笃志一家所住，“七七”事变后，被伪道尹常某占用。如果从前边的厅房正式算起，那么厅房为第一进，这个院落就是第二进。这个院落后边的第三进，建有两层小楼一座。“七七”事变前，那是戴氏祖母带着姑姑们住的地方。再往后的第四进院落，则是储藏杂物的一排房舍。

在这四进院落西侧，又有与它并列的一套四进院落：第一进院落，即前边说过的“碧云斋”，家人叫它做“新屋”，大约是修建较晚的缘故（我只记得那个院子里有棵高大笔直的青桐，桐花开过后的果实很奇特，那像一个小瓢，瓢沿上长着一串小豆儿；把那些小豆儿摘下来放锅里一烤，剥开吃，很香）。这个院落可以算是十笏园区内的房舍，但亦有门可与后宅相通。只是到了抗战胜利后，孟氏祖母从北京返里，在那里住过些日子。第二进院落和十笏园只是一墙之隔，院子里还有在潍县不多见的一片观音竹。40 年代，三伯父一家借住于此院的正房。1946 年冬，三伯父为债务所逼自杀于此房的西耳房里；其西侧即砚香楼，但当年有墙相隔，不通行。第三进院落的正房，三伯父的大儿子澄志住过；家人告诉我，这就是我出生的地方。大约是我 3 岁时，我们才搬到东边的新居去。第四进院子，一排正房。在我的记忆中，这房子也是长期闲置，直到1944年三伯父家的述志兄结婚，才收拾一下，住了进去。

十笏园加上这两套四进院落，方方正正的宅院，想必就是当年丁氏四宅的老宅院。这套老宅院至今仍保存下来，除有少量厢房、耳房拆改，以及少量新建房厦外，老房基本完整。据说，从前这个老宅院，当年是分在我的大伯父名下，并由笃志二哥继承的家业。

这个老宅院的后面，是分归十叔家的产业。前边说过的那条过道，其长度恰恰就和这个老宅院相当。它的尽头处有面影壁，影壁前有个小小的花台，花台上种着几棵老也不大的黄杨。花台西首有棵两人合抱不过来的老榆树。从老榆树北边进去的院落，有一个大院，是马号。家业盛时，在马号里养着十来匹骡马，可以同时套四五辆轿车。到得我记事的时候，那里大约还剩下两三匹骡马，一辆轿车。马号后面，还有一排房子，那是存放粮食的粮仓。穿过马号，再穿过粮仓的狭长院子西去，便进入我十叔家居住的院落。这一套院落的主体，是个本与十笏园相通的又一个花园；家人把十笏园叫作前花园，而把它叫作后花园。这个后花园，没有精心设计，没有亭台楼阁、回廊曲桥的建筑，可是有假山，有荷池，有树木花草，有些不规整的野趣，面积也比前花园大些。花园北侧，是一所平房，前后都有很敞亮的大玻璃窗，家人们便把它叫作玻璃屋。那里倒是一个读书的好地方，可惜我的十叔也是一位“原来不读书”的人。他大概在“玻璃屋”里，只是邀集一些有同好的朋友，唱京剧，扎风筝，玩个不亦乐乎。玻璃屋北，还有一院，也有一排北房，那是替十叔管家的账房先生住的。当年他们家养着洋狗，我的四姐小时候被他们家的洋狗咬过一口，从打那以后一生都怕狗。所以我们小时候，是不敢轻易到他家玩儿的。后花园南边，有东西两个院落，是十叔家住家的地方。40年代，两房十婶，各住一院，居然相安。十叔及二位十婶做寿时，我都去拜过寿，吃过叫作“和乐”的面条。这两个院落南墙外，即十笏园的小书巢和砚香楼后院。本来是有门相通的，分家后便堵上了。

那条大过道的东侧，则是分到我父亲名下的房产。房屋院落远不及以上两处精致，但是面积大不少，大概当年分家时，有用数量找补质量差距的用意吧。当年分家后，我的父亲大概是很费了些精力和钱财，才算把这些凌乱的院落，收拾得像了个模样。按说，过道东侧也还有几个正规院落，但都让做“公用”了。第一进院子，正房两明一暗，外加耳房。院子窄了，建不成厢房，所以两厢是假的，即只有门窗，里边却只是两三尺宽，只能堆放些扫帚、簸箕之类的用具。院子南边有垂花门楼；门楼外是狭长的院子和一排南房，亦即临街房。南房东头原有大门，然已长期封闭不用，门洞和门房，改做了厨房。现今想来，这一进院落，仍是典型的四合院。这院子一直是由管家的总账房占用。这原本是老宅的账房，可是分家后，他们就只管长支和两位祖母家的财务，我家和十叔家的事，他们就不管了。儿时家居，我还时常到那个老账房去玩儿。那里约莫还有老老少少五六位账房先生，我去是对老先生养的蛐蛐颇感兴趣，还有一位年轻的张玉峰先生画得一手好工笔画，另一位年轻的谭先生则写得一笔好楷书，他们都挺会哄我们小弟兄们玩儿。此外，伯叔兄长们，偶尔联合宴请宾客，有那么几回，还把我叫着，打横儿，陪末座，意思自是让我充数作我们这一支的代表。他们猜拳吃酒，我则抓紧吃菜。现在能记得清楚的一次是，抗战胜利后，三伯父出面宴请过返乡的高象九先生和刘阶平先生（高先生是民盟人士，50 年代做过山东省民政厅长；刘先生是国民党人，50 年代在台湾做过财政部次长），在座奉陪的有十叔笏丞、堂兄笃志、杨质斋先生以及我。

账房院后的第二进院子，也算是很好的一个住所。单独在过道上开门，进门是屏门（就是四合院垂花门楼内通常都有的那一种三面装有可开可合的隔板，日常是开着右手的隔板，而不开正面隔板）。正房 5 间：外间两间，东套间两间，西套间一间。院子也还宽绰，种了些海棠、苹果一类的树，经常还摆着一些盆栽的桂花、石榴，以及其他花卉。正房后面又是一个院子，有 3 间正房、东西两厢。这两进院子，抗战前均为孟氏祖母所住。40 年代，孟氏祖母长住北京，所以这两个院子先后有戴氏祖母、笃志一家住过。房产所有的我家却从未在此住过。

从祖母所住的这个院子门口往北，到了大过道的尽头，花台东侧，和那棵大榆树正对着的一个小门这才是我们小家的所在。门不大，黑漆，常年贴着门联，上联是“忠厚留有余地步”，下联是“和平养无限天机”（这对联，以及其他我家的一些春联，一般都是每年春节前，请我的小学老师陈履平先生书写的。字是浑厚大度的颜体，很耐看）。进得门去，是一小平台，迎面和北侧都是粉墙，调头向南，下十五六磴台阶，才是院子。台阶总高约过两米，可见院子的地势之凹。自此往里，地势还要向下。于此也可以看出，我家所在的老宅的东北角上的几个院落，确非老宅原有。我猜想，这多半是丁氏大宅、二宅败落后，把这些房产都转卖给了四宅；因为他们后来大致就是住在我们这片房子的外围。

下得台阶的这第一个小院，是帮我们管家的账房所在，账房里常在的是两位徐先生，一老一小。年老的叫徐芳斋，是总管。年轻的是我父亲的学生，叫徐顺利，大我七八岁，手极巧，能够扎风筝，还会用马粪纸做各种各样的手工。我的启蒙老师杨质斋先生，一日两餐也都来吃饭，晚上给我补习功课，他也是我父亲当年的学生和助手。这个账房小院，和前边那些正规整齐的瓦房大院不同，它别有情趣。一溜 5 间北房，是麦秸作顶的草房。房前种有五六棵石榴树，由于先生们保护得好，石榴树每年夏天满树红白花，秋天满树大石榴。石榴树下是三四口鱼缸，养的是各色金鱼。正房对面有小小花圃，还有一口不知从哪里弄来的大铁锅，用砖头垒座架起来，蓄上淤泥清水，种上藕，居然能按时开荷花。正房的后院，种的三四棵枣树，每年也结不少枣，且味道各异。前院东南角，接连一个小院，里边分作里外两个小院，又有一道小门相隔。5 间正房，还算整齐，笃志一家住过。账房的最东边一间，辟做过道，穿堂而过，转弯北下，则是一个很大的荒园。荒园，原来是做什么用，弄不清楚，只见南墙下西侧还留有旧房 3 间。再西，还有两间小房，其内间有炕，外间有灶，像是看园人的小屋。3 间房的东头，是个花台，不过上面没种花，而是有一棵老枣树，每年结不少枣，但隔一二年就得在树干上砍几刀，大概是它太老了，需要经常激发一下它的活力。父亲整修此园时，在南房和花台以北留下从东到西的长长通道。通道西头，3 间房前，打了一口手压抽水机井，水质良好，是我们一家食用的水源，也是洗涤、灌园的水源。道北则拉上一条一人多高的篱笆；篱笆留有一个园门，门上有小匾，书有“东篱”两个隶字，像是父亲的老师陈蜚声先生手书。意思自是取渊明诗，记得父亲在世时，确也种过菊花，不过看不见“南山”，登到高处，只能看到西边的一抹青山。篱笆上常年爬满牵牛花，夏秋间花色繁杂，倒也好看。“东篱”园内，西侧堆土成小山，其后有枝叶茂密的大梧桐树一棵。土山下平时种些花草，秋后便请人挖个花窖，把在户外过不了冬的花木放到里边。园的东侧有枣树、核桃和一架葡萄、一小棵梨树；葡萄架下用一些石头作栏，围出小圃。园的北边有一花台，台前有一个大石桌，小时候我们拿它作乒乓球台。花台四周长满了草葵；草葵，在我的家乡叫它一个很怪的名字：“咣咣艳”。盖“咣咣”者，是家乡土话对钹的叫法，可见是说草葵大而圆的叶像钹。草葵，不挑水肥，草本而多年生，且经常是叶绿花繁，茂盛异常，花色也很多。那个花台上边，还养着几箱蜜蜂，花台西侧，还有一棵楮树、几棵楞树。花台东侧，即葡萄架的北边，开一小门，通向后面一个小院。小院内有南北两排房子，是我家存粮的粮仓。小院内有两棵苹果树，结的苹果又大又绿又酸，不等孩子们去摘，乌鸦就会吃去好多；留在树上的，常常是吃剩的半拉。父亲去世后，东篱更是日渐荒芜，蒿草不除，花木不修，但是对我们小伙伴们来说，那却是一个非常好玩儿的“广阔天地”。在那里可以舞枪弄棒，登高望远，“聚啸山林”。有一年，我们还真在那小小土山上，自己动手架起了一个小草房，几个孩子在里边过了一回梁山泊好汉聚义的瘾。我十一二岁时，在那小土山上玩，被梧桐树枝把眼眶打破，幸好与眼睛差之毫厘，可也到惠东药房去请大夫缝了四针。

东篱篱笆外东头，过一道门，又是一个小院，这就是父亲书房“习庵”的所在地了。小院北房是3间草庐，即习庵。习庵门前搭一小门楼，门楼两侧两窗前，各用矮花墙围成两个花池。西边的花池里种着一棵铁脚海棠，东边的花池里种着一大丛蜡梅。海棠长得不怎么好，蜡梅则长势喜人，成灌木状，分不清哪是主干。寒冬腊月，满树花开，清香沁人。花谢后则绿叶婆娑。4岁那年冬天，我在习庵的梅花树前照过一张相。我的面前摆着一个高脚凳子，凳子上放着打开的一大本洋精装书；这大概是我最早一次扮演读书人。习庵对面的3间南屋是客房，不过我只见过父亲的老师，鹤侪陈蜚声老先生住过。陈老先生是书法家，光绪三十年的进士，可这是最后的一届科举，因此他的这份功名算是白费了，一天肥差也没捞到。在我的顽劣印象里，他只是个留着花白小辫的很和善的小老头。习庵室内沿南窗下摆着书案，是父亲和他的助手们工作的地方。昔年盛时，他的助手大约常有三四人（都是父亲教出来的学生，包括我的启蒙老师杨质斋先生）。他们主要是做些抄写、绘图、整理报刊书籍的事。习庵有后门，东侧有后窗，西侧开一小门，通后室。这里的后室，是沿西墙修成的东向的廊房。这廊房成窄长状，放着一些盛书报的橱架，东边留有很大的窗子，西边高高地留几个小窗；窗外就是东篱园内的葡萄架。廊房北头又有一小门，进去便是3间正房，即习庵后的第二进房舍；瓦房，比习庵高大些，是我父亲的工作室。它的前门与习庵的后门相对，两排房屋间正好成一院落，院子中央矮花墙围一花池，中间是一棵高过房屋的大海棠树，树下是特意种植的像兰草样子的满池青草。春深时满树繁花，秋后则满树挂果。不过那海棠果，涩而酸，霜降后又变成面的，都不好吃。这个海棠树院的东南角上还有个旁门，通向我们家的生活区。父亲从家里可以不穿过习庵，直接进入他的工作室。第二进房子，里面是3间打通，书报盈室，且有较多的桌椅、罗汉床之类的陈设；正中还放着一个特大的会议桌，有时父亲有至亲好友来访，便在这大桌子上招待便餐。第二进房子，也有后门后窗；进后门又是甬道式的廊房，衔接第三进正房。廊房两侧全是玻璃窗；廊外东西各有一小院，可以从廊房两侧的小门出去。小院里也有些花草、湖石。第三进房子则是藏书处，书橱间隙仅容得人身转动，完全是图书馆书库的模样。这三进正房，加两个南北走向的廊房所组成的书斋，也可以整个叫作“习庵”。父亲和他的助手们，在习庵里工作的时间很长。除了吃饭、到学校上课、出外有事外，几乎全部工作时间，包括晚上，都泡在习庵里。我小时候和父母睡在一个炕上，可是从来不知道每天晚上父亲是什么时候回来睡觉的。

从习庵前院穿过，进东边的门，再穿过一过道屋，便到了我们家住室的外院。院子狭而长，家里人叫它“长院子”。院子西侧一排比较矮小的平房，是存放旧物的储藏室。东侧有五六棵香椿树，这是我们家里仅次于枣树的第二大树种。春夏之交。可以有吃不完的香椿芽；把稍老一些的叶子摘下来，就腌成咸菜，可吃上一年。院子的南头还有一棵桑树，结的桑葚又紫又甜。院子北头一排4间，也堆些旧物，东套间偶尔也有客人来住。这房子还有后院，又有3间房。后院地势更低，也闲置着。“长院子”西北角上开一小门，就是通那个海棠树院的门。“长院子”东墙上开有两个门，南边的门通向我家住室的前院，北边的门通向住室的后院。

我家的住室正房，一共7间。外间是两间打通的厅，东边是一间套间，西边是两间的套间，再往西还有一间小套间。外间是全家吃饭、会客的堂屋。东套间是我的两个姐姐住的。西套间是父母带着我住的，父亲去世后，姥姥来我家，安一张单人床，住在西套间里。西套间有一盘炕，炕有炕围，冲外的正面两侧还有请张玉峰先生画的松鹤图。最西边那间小套间用作储藏室。我们这排住房，南北都有门，两门相对。南北两侧，对开着窗子；一边6个，而且都是玻璃窗，所以屋里光线充足，通风良好。住惯了这种房屋，后来到北京住进后窗很小或干脆没有后窗的房子，觉得特别憋得慌。

住房的前院，显然是父亲在搬入之前请人精心设计过的。进得门来，绕过影壁，便是花木葱茏的小院。置身其间，确实会叫人产生宜家宜室的感受。院子的西边，沿墙砌了小小的假山，比墙头略高些。假山下，北侧是一大架茂密的藤萝，南侧是一棵高大的古柏。古柏苍翠挺拔，严冬仍是生意盎然。古藤虬枝盘结，成为覆盖在我们卧室南窗外的凉棚，春末夏初满架垂花，花气袭人。沿院子南墙下，是一个大花台，上面是两排间隔而植的芍药、牡丹；花台下则是些草本的花卉，如凤仙之类。院子东侧有一大一小的两棵梧桐。稍西，在花台前，还有一棵榆树。我们住房的前门开向正南，有一门亭；门亭下约有两平方米的地方，门亭外侧的两柱上有木制的对联。屋门的正对面，花台前有一个正方形的石桌。四面各有一个石墩。屋门外西侧，亦即藤萝架东侧，是一棵龙爪槐；龙爪槐枝叶繁盛，倒垂如大伞，树下也置一石桌，四石墩，夏天此处浓阴蔽日，是乘凉、品茗、下棋的好地方。屋门东侧，到梧桐树下，是个方方的小花圃，平时种些蔷薇科或别的草本花卉，寒食节前会在这里架起秋千架，打秋千的主要是姐姐们以及她们的同学。在我们住房的窗前，种着一些冬青、天竹之类的小灌木。院子里除了种植花草的地方，都是用不规整的青石铺设的地面。院墙的墙头留有尺把高的用瓦砌的花墙。南面花墙上，爬满栝楼；秋天黄黄的像柑橘的栝楼，挂在花墙上，非常鲜艳。院子里还经常摆些盆栽的无花果、桂花、金橘之类，这个不大的院子，的确从春至秋都是郁郁乎苍苍。在这个小院里，留下了我们姐弟儿时的许多欢乐的时光、欢乐的回忆。那时我们的家庭生活小照，多数也是在这里拍摄的。

住室的后院，比前院小些。接着我们住房的屋檐，搭出了和住房等长的大棚。棚是木架、铁皮作顶，棚下南北宽度有两米多，放些水缸之类的东西，热天或者雨天都可以在棚下做事，以避日晒雨淋。棚外是院子，记得 1936 年前，院子里都是种些瓜果蔬菜，像茄子、大葱、南瓜、扁豆之类。东墙根有一棵核桃树，每年都结很多核桃。阴历七月便可以吃新鲜核桃了。1936 年，战事风紧，为了防备日本轰炸，家里雇工可着院子挖了防空的地窖；地窖上垒起一米多高的花台，台内填满了土，以增加防轰炸的能力。台上照旧种植那些菜蔬，也种点马齿苋、月光花一类的花草。台东搭一架葫芦，台西搁着一个木制屏风；屏风前老是放着一大盆洋桃（即夹竹桃）；屏风正对的，便是后院通向外边“长院子”的门。门，是近乎菱形的窄长的八角门洞，两扇推拉门。进得门来，常年的景观是，对面一大盆洋桃，左侧沿墙一架门豆。院子的北边是一排较矮些的平房，中间的 4 间归女仆们住。东头的一间供着老人们供养的木头的、石头的、铜的、瓷的各种菩萨和从玉皇大帝到关老爷诸位尊神。每月初一、十五，老太太们都要到这里进香，祈求神灵保佑。这个小屋，我们叫它“菩萨屋”。菩萨屋的实际主持人，是我父亲的奶妈，我们孩子们叫作老王妈的；她老人家，有儿有女，但因与其不务正业的丈夫感情破裂，而从不回家。她长住在我家，但不让她做任何劳作，只是吃斋念佛。孩子们，甚至连我母亲，都怕她几分，家人都把她当作我们的奶奶对待。西头一间是有两大口锅的厨房。从大厨房向南一拐，又搭了一小间小厨房，里边砌了一个小灶，专供炒菜之用。抗战前，家景好时，还特意请了一位年轻的男厨师，给我们一家和账房里的先生们做菜。父亲去世后，厨师使用不起了。

折实计算，我在我们那个旧居里，前前后后实际上只住过13年。只是由于是童年和少年，所以印象才那么清晰，终生无法忘却。1999年秋，潍坊市举行50年科技成果展览，我蒙邀出席。顺便又重游了十笏园及就近的部分故宅，至于我度过童年和少年时光的旧居，则无法重睹。听当地同志说，那里已经改建为机关宿舍。旧日家园，如今只是剩下一些“断笺残篇”，只是剩下一些“老照片”了。其中滋味，也只有过来人才能领略了。张孝祥说得好：“悠悠心会，妙处难与君说。”真是个：“此情可待成追忆，只是当时已惘然！”

（三）夕拾朝花

把鲁迅的话倒过来，用以状时下记取的儿时往事残片，是很贴切的。它褪色了，残破了，该挖个坑埋葬了，可自己偏偏不舍得，要把它夹在书里，压在玻璃板下，时不时地望着它发呆，追思它早上盛开时的花容。

据老人们说，我家搬到故宅东侧新居时，我是4岁。其实这是指的虚岁，实际上那时我只有3岁（当是1934年），所以当时的事以及在那以前的事，我一点也不记得。我只是在家里遗留下来的老照片中，才认识自己一两岁时在母亲怀中的模样；从感性上实在无法理解那就是我。片片段段的记忆，是4

岁以后的事；但是愈是早年的记忆，就愈加残破，都像一个个独立的镜头，连不成片。

现在还能记起哪些儿时的趣事呢？

我能记起家里养过的那条黄狗，可是不知道为什么没有多久它就不见了。

我能记起骑着三轮小自行车，或是滚着大铁环，院子里撒欢、使坏，专往人堆里扎。

我能记起姐姐们把红凤仙花瓣捣成糊，染红指甲；我把草葵花瓣从根上一撕，一个个粘在脸上，成为一个满脸长着红耳朵粉耳朵花耳朵的大花脸。

我能记起戴上孙悟空面具，去试探家养的花猫，没料想它吓得喵呜乱叫，夺路逃命，蹿上藤萝架的最高枝，再也不敢下来。

我能记起姑姑、姐姐们，把洋蜡熔化再调上些淡黄色，捏出一片片花瓣，趁着软粘在枯树枝上，做成朵朵花。把它插在花瓶里，真像一枝盛开的蜡梅。

我能记起三两小伙伴，傍晚时候，去树下花旁，循着最响亮的蛐蛐叫声，搬石翻土，扑捉佳虫。偶尔也会挖到蝎子、蚰蜒，不得不丢盔卸甲，狼狈逃窜。

我能记起端午时节，手腕、脚腕上捆五色彩线，脑门上抹雄黄，女孩子用各色绸缎做成玲珑华丽的小荷包，用五色线缠出别致精巧的小彩粽。

我能记起大雨过后，院子里积水成河，用平时积攒的糖纸叠成小船，放到“河”里去，让它顺流而下，穿关隘，过险滩。

我能记起爬上墙头放风筝，那风筝是最简单的那种，捆两横一竖的竹条作“干”字形，糊上正方形白纸，再缀上三条飘带。我们叫它“筝子”，不像北京的“屁股帘”叫得那么难听，何况尾巴不是一条，而是有三条之多。

我能记起拿着木刀木枪，充当大战三英的吕布、和岳飞打成一团而不分胜负的杨再兴；到如今我也弄不明白，小时节何以不大喜欢那些"男一号"角色，如刘备、岳飞，却偏偏钟情于那些武艺高强而又不大得志的人物。

我能记起从树上摘下来就吃的枣子、石榴、染红衣袋的桑葚、染黄手指的核桃，还有家里自制的粽子、月饼、腊八粥和黄米年糕。这些都是长大成人后再也没有尝到过的精美绝品。

我能记起腊月二十三，送灶王爷上天，贡品少不了麦芽糖（我们管它叫"糖瓜"），目的是粘住灶王爷的嘴，让他老人家上天不要打小报告，编排我们家的坏话。事实上这些糖，走过上贡的过场之后，还是全部都放进了我们小孩的嘴里。

我能记起春节来临时浓郁的节日气氛。除夕那天我跟着大人在所有的大门上贴春联，门槛上贴五色的"门钱"，影壁上贴"鸿禧"，水缸上贴大"福"字（纸裁成斗方，调角写，调角贴，贴上去字还是正的，从未见过倒贴"福"字者）。夜幕降临时，要点燃重要的门户两旁挂着的红纱灯、影壁的"鸿禧"上边罩着的长方形白地红字（也是"鸿禧"二字）的纱灯。每个大门的两旁门框上一人多高处，都有固定的小小铁环，每当除夕上灯时节，要在门两侧的铁环上各插一炷香；在我长到伸手可以够到那环时，这活都是由我承包。子夜，还有人把芝麻秸撒在住人的院落和通道里，并且还一边撒一边喊："东撒穗，西撒穗，儿成双，女成对。"初一早上，人一走动，便发出咯吱咯吱的声响，和爆竹声相映成趣。

我特别不能忘记的是，满天星斗的夏夜，家人聚在院子里，就地铺席，围坐纳凉。那夜是那样的静，在我们的周围只看见幽幽开放的黄色的月光花，和在花草间轻盈飞舞着的闪着蓝白色电光的小小流萤。那夜空仿佛刚刚拂洗过，展现出没有丝毫灰土的清爽晶莹。不知道是年纪小时眼神还好，还是那时节没有工业的县城里大气硬是没被污染，我清楚记得不单能够看到织女扔给牛郎的“梭子”，而且还可以和姐姐们比赛，看谁能多看到“天井”内几颗星。真没想到五六十年过后，中国各地（西藏除外）的夜色，竟然都是一片溟蒙，好像再也没看见过那样的星空。

我更加清楚地记得在故乡读小学读中学的岁月。父亲刚去世后的那两三年，我仍然是个不知愁的儿童，说好听些，充其量也只能算是一个羞怯的文弱的蔫淘的少年。家里大人看不见的时候，就会呼朋唤友，撮土为香，爬树打架，翻墙上房，那些淘气的事完全是背着大人们干的，与在大人面前的不言不语的文静形象相比，简直是判若两人，活活是一个小两面派，怪不得小时候听到“静若处女，动若脱兔”的那句谚语，印象特别深刻。

什么时候长大了的呢？就心态的变化说，最深的似乎是来自两个方面的影响。一是读巴金的《家》《春》《秋》，得到的初始启蒙。巴金的充满激情的笔触，像是把我猛击一掌，陡然觉得从大梦中醒来。书里面的那个高宅，越看越像是我们这个丁宅的稍加改装的画像。我把自己当然就定位到觉民、觉慧的位置上。骤然间，我觉得自己已是一个有独立人格的、有权铺设自己的人生之路的人，于是开始萌生出对这个陈旧的大家庭的厌弃之心，开始盘算起要从这个牢笼里挣脱出去，到外边的辽阔世界里自由飞翔。另一个启发我从少年心态走向青年心态的来自现实，即抗战胜利后国民党统治下越来越叫人失望的社会现实。就家庭的境遇来说，三伯父因受人勒索而突然自杀，也是一个促使我更加觉得世道黑暗，不堪忍受的由头。记得 1947 年的一个夏日，暴风雨突然大作，乌云压城，雷电交加，我搬把小凳坐在住房的门厅下，仰望雨空，愤懑积郁，简直觉得这个世界该当爆破了，恨自己生不出垂天之翼，冲出密云，飞向远方。

民主主义的洗礼，自然更加使我断然地弃旧家若破履，别故乡如雄飞，没有丝毫留恋地离井别乡，走上闹革命、闯世界的征途。唯一牵挂在心头的，大概只有那从不向外人提起的对年迈的母亲的亲情。

（四）江山不可复识矣

1998 年秋，我陪胡绳老做山东之游，得以重访故里。11 月 1 日，我们一行从青州出发，经临朐，午间抵潍坊市区。自昌乐入境，从西而东，长街横贯，高楼耸立，全然不知身在何方。直至跨过白浪河时，这才恍然明白所经的十里长街，原来就是当年往返不计其数的城里大街和东关大街的改建和延伸。我们的车队，一路东去，到了大概已是当年的东关东门外五六里的地方，才到达我们下榻的旅馆富华大酒店。酒店是五星级的，名副其实，富丽豪华得惊人。惊讶之余，让我这个归来的游子，感到一股莫名的悲凉。江山不可复识矣！我有着到了故乡找不到故乡的怅惘。

1999 年秋，承潍坊市社会科学联合会邀请，我作为在外游子的代表参加了潍坊 50 年优秀成果展。会后只见到了作民（述志）三哥、志芙六姐，他们已是齿落发白的老翁老妪。其他故旧，再未看到。虽然东道主热情陪我重访了十笏园及园子附近保留下来的部分旧居，我也照了一些相，但物是人非的沧桑之感浮上心头，挥之不去。潍坊博物馆的负责人，当着我的面，善意地讲了我家历代人物的不少好话。我除了表示感谢之外，还补充说：那个旧式的大家族，是很复杂的。各种人都出过，平庸的、有些作为的、好的、坏的，都有。不好因其是地主之家而一概否定，也不好说得那么好。看看巴金的《家》，大体上就可以明白我们那个家是个什么样子。

2000 年 7 月 14 日至 22 日，承中国社会科学院相邀赴潍坊考察，惠民同行；她这是第一次亲临“婆家”。实地看到这样一个世家大族的部分遗存，她更是备感惊奇，感慨万千。虽然过去口头上跟她说过不知道多少次，但究竟百闻不如一见，想不到朝夕相处的这个老伴，竟然是出自这样一个大宅门。

2003 年 11 月 22 至 24 日，我应潍坊文化局之邀，返里出席“潍坊三百年文化研究研讨会”，会后得以再访旧居。十笏园博物馆正在扩建，东边的旧民居（原属我家的和原属二宅的部分房舍）、十笏园后的一排房舍，陆续收回修复。本着“修旧如旧”的原则，工程正在进行中。这当然是值得称颂的善举。我尽我记忆所及，把收回的这片房舍和院落的建筑、格局、居住状况及其演变，向主持修建的负责人做了介绍。遗憾的是，我家旧居已仅存临街的两进院落，其后的大片院落已片瓦无存；十叔家也是仅存十笏园后的两个院落，后花园、马号及仓房，亦荡然一空。在我们那片旧居的原址上，如今新建起的是一排排宿舍楼；看来再拆除复旧，已无可能。面对此情此景，也只好用“沧桑之变乃人间正道”来聊以自慰了。

我在青年时，是抱着作为那个地主之家的叛逆者，踏上人生新路的。我不是那个家族的“孝子贤孙”。但是，自然也不好硬套“出淤泥而不染”的老话。我从旧的家庭里所受的有益的和有害的熏陶，都是存在的，虽然随着岁月更迭已渐渐淡去，但其残片仍会伴随着我终生。作为当局者，本人难以把这些影响理得十分清楚，只好把它留给后人去评说吧！

附录 2

中国名园

中国四大名园

北京颐和园、河北承德避暑山庄、苏州拙政园、留园（1961 年第一批全国文物保护单位）。

中国十大名园

中国十大名园分别是：顺德清晖园、北京颐和园、北京圆明园、苏州拙政园、苏州网师园、无锡寄畅园、扬州个园、上海豫园、海盐绮园、保定莲花池。（《十大名园》上海古籍出版社，1990 年 7 月，刘天华主编）

江南四大名园

南京瞻园、苏州留园、拙政园、无锡寄畅园。

苏州四大名园

建于宋代的沧浪亭、建于元代的狮子林、建于明代的拙政园、建于清代的留园。

岭南四大园林

顺德清晖园、东莞可园、佛山梁园、番禺余荫山房。

附录 3

园林撷英（寻标对标单位）

苏州拙政园

拙政园始建于明正德初年（16 世纪初），距今已有 500 多年历史，是江南古典园林的代表作品。1961 年被国务院列为全国第一批重点文物保护单位，与同时公布的北京颐和园、承德避暑山庄、苏州留园一起被誉为中国四大名园。1991 年被国家计委、旅游局、建设部列为国家级特殊游览参观点。1997 年被联合国教科文组织批准列入《世界遗产名录》。2007 年被国家旅游局评为首批 AAAAA 级旅游景区。

拙政园位于古城苏州东北隅（东北街 178 号），是苏州现存最大的古典园林，占地 78 亩（约合 5.2 公顷）。全园以水为中心，山水萦绕，厅榭精美，花木繁茂，充满诗情画意，具有浓郁的江南水乡特色。花园分为东、中、西三部分，东花园开阔疏朗，中花园是全园精华所在，西花园建筑精美，各具特色。园南为住宅区，体现典型江南民居多进的格局。园南还建有苏州园林博物馆，是国内唯一的园林专题博物馆。

岭南四大园林

1. 柳影三亩，藕花半塘——清晖园

清晖园位于广东佛山市顺德区，广东四大名园之首，为省级重点文物保护单位。清晖园始建于嘉庆五年（1800 年），原为明朝万历丁未状元黄士俊的府邸。乾隆年间，为进士龙应时购得，其后，复经龙家一门数代精心营建，格局始臻定型。

1996 年扩建成二万二千多平方米，尽显了岭南庭院的精

髓与江南园林之特色。清晖园内水木清华，景致清雅优美，龙家故宅与扩建新景融为一体，利用碧水、绿树、古墙、漏窗、石山、小桥、曲廊等与亭台楼阁交互融合。汇集了我国古代建筑、园林、雕刻、诗书、灰雕等艺术于一身。突出了我国庭院建筑中雄、奇、险、幽、秀、旷的特点。主要景点船厅、碧溪草堂、红蕖书屋、澄漪亭、惜阴书屋、竹宛、归寄庐、笔生花馆、斗洞、读云轩、沐英涧、留芬阁等。造型构筑别具匠心，各具情态，灵巧雅致，门窗古朴精美，品味无穷。园内树木繁茂，品种丰富，多姿多彩，与古色古香的楼阁亭榭交相掩映，徜徉其间，步移景异，令人流连。

现有的清晖园，集明清文化、岭南古园林建筑、江南园林艺术、珠江三角水乡特色于一体，是一个如诗如画，如梦幻似仙境的迷人胜地。

2. 花香风里听笙歌——佛山梁园

梁园是佛山梁氏宅园的总称，主要由十二石斋、群星草堂、汾江草庐、寒香馆等不同地点的多个群体的精华部分组成，规模宏大，主体位于松风路先锋古道。梁园由当地诗书画名家梁蔼如、梁九章、梁九华及梁九图叔侄四人，于清嘉庆、道光年间（1796～1850 年）陆续建成，历时四十余年。1990 年被定为省级重点文物保护单位。继而于 1994 年开始大规模的全面修复，总面积达 21260 平方米，依文物修复“修旧如旧”的原则，重现名园的精髓。

梁园是清代岭南文人园林的典型代表之一，其布局精妙，宅第、祠堂与园林浑然一体，岭南式的“庭园”空间变化迭出，格调高雅；造园组景不拘一格，追求雅淡自然，如诗如画的田园风韵；富于地方特色的园林建筑式式俱全、轻盈通透；园内果木成荫、繁花似锦，加上曲水回环、松堤柳岸，形成特有的岭南水乡韵味；尤以大小奇石之千姿百态、设置组合之巧妙脱俗而独树一帜，是闻名遐迩的粤中四大名园之一。

3. 香荔千年梦故乡——东莞可园

东莞可园位于东莞市莞城区，为清代广东四大名园之一，也是岭南园林的代表作，前人赞为“可羡人间福地，园夸天上仙宫”。始建于清朝道光三十年（1850 年），为莞城人张敬修所建，咸丰八年（1858 年）全部建成。

可园虽是木石、青砖结构，但建筑十分讲究，窗雕、栏杆、美人靠，甚至地板亦各具风格。它布局高低错落，处处相通，曲折回环，扑朔迷离。基调是空处有景，疏处不虚，小中见大，密而不逼，静中有趣，幽而有芳。加上摆设清新文雅，占水栽花，极富南方特色，是广东园林的珍品。

4. 野烟千叠，渔唱一声——余荫山房

余荫山房，又名余荫园，位于广东番禺。始建于清同治三年（1864 年），同治十年竣工，距今 133 年，以“小巧玲珑”的独特风格著称于世，赢得园林艺术的极高荣誉。余荫山房园地虽不足 2000 平方米，但亭桥楼榭，曲径回栏，荷池石山，名花异卉等，一应俱全。

余荫山房布局精巧。它以“藏而不露”和“缩龙成寸”的手法，将画馆楼台，轩榭山石亭桥尽纳于三亩之地，布成咫尺山林，造成园中有园、景中有景、幽深广阔的绝妙佳境。通过名工巧匠的精雕细刻，使全园的文饰做到丰富而精致、素色而高雅，给人们一种恬静和雅淡的美感，如置身于“波暖尘香”之中。

参考书目

《潍县志稿》，中国国家图书馆影印本。

《明史》，中华书局标点本，1974 年版。

《清史稿》，中华书局标点本，1974 年版。

谭其骧主编：《中国历史地图集》，中国地图出版社，1982 年版。

刘敦桢：《中国古代建筑史》，中国建筑工业出版社，1984 年版。

彭一刚：《中国古典园林分析》，中国建筑工业出版社，1986 年版。

余英时：《士与中国文化》，上海人民出版社，1987 年版。

高树藩：《敦煌古俗与民俗流变——中国民俗探微》，河海大学出版社，1989 年版。

余英时：《历史与思想》，台北联经出版事业公司，1992 年版。

张家骥：《园冶全释》，山西人民出版社，1993 年版。

钱穆：《中国文化史导论》，商务印书馆，1994 年版。

阎步克：《士大夫政治演生史稿》，北京大学出版社，1996 年版。

姜生：《宗教与人类自我控制》，巴蜀书社，1996 年版。

姜生：《明清道教伦理及其历史流变》，巴蜀书社，1999

年版。

李泽厚：《美的历程》，天津社会科学院出版社，2001 年版。

葛兆光：《中国思想史》，复旦大学出版社，2001 年版。

［美］包弼德著（Petre K. Bol）：《斯文：唐宋思想的转型》，刘宁译，江苏人民出版社，2001 年版。

张家骥：《中国建筑论》，山西人民出版社，2003 年版。

［荷］许理和：《佛教征服中国》，李四龙、裴勇等译，江苏人民出版社，2003 年版。

张国刚主编：《宗教研究指要》，北京大学出版社，2005 年版。

葛兆光：《古代中国文化讲义》，复旦大学出版社，2006 年版。

王振民主编：《潍坊文化三百年》，文化艺术出版社，2006 年版。

傅熹年：《中国科学技术史·建筑卷》，科学出版社，2008 年版。

孙敬明：《潍坊古代文化通论》，齐鲁书社，2009 年版。

罗哲文主编：《中国古代建筑》，上海古籍出版社，2011 年版。

杨鸿勋：《江南园林论》，中国建筑工业出版社，2011 年版。

张淑娴：《明清文人园林艺术》，故宫出版社，2011 年版。

蔡达峰、宋凡圣主编：《陈从周全集》，江苏译文出版社，2013 年版。

王毅：《中国园林文化史》，上海人民出版社，2014 年版。

赵晓峰：《中国古典园林的禅学基因——兼论清代皇家园

林之禅境》，天津大学出版社，2016 年版。

王毅：《翳然林水——栖心中国园林之境》，北京大学出版社，2017 年版。

后记 相思不尽又相思

文稿杀青之际，正值中国共产党第十九次全国代表大会如火如荼进行时，世界瞩目，全国欢腾。

静坐书斋，“上穷碧落下黄泉”，“日间挥写夜间思”。日夜与园林资料为伴，每感于园林的静谧。

“乐山乐水得静趣，一丘一壑自风流”，犹如“凝固的诗，立体的画”，“有声画，无声诗，两臻其妙”。

作为北国小园之最的十笏园，更是如此。

粉墙黛瓦的十笏园，静悄悄地坐落在潍坊市潍城区胡家牌坊街49号，东与白浪河为邻，西与城隍庙隔路相望，南是东风街，西北角有关侯庙、孔融祠与之相伴。百年风云，你只是笑看；车水马龙，只增添一抹云烟；看，那白浪河，仍是涛声依旧；听，暮鼓晨钟，香火缭绕中你只是静悄悄的无言。静默中，时间在流逝；沧桑间，世界已是地覆天翻。

“万物静观皆自得，四时佳兴与人同”。

静谧间，世事变迁，文化脉动。

有书法家说，“静水流深”四字最难写，轻易不敢下笔。

十笏园本是养静之所，随着查阅资料的增多，也越来越不敢轻易动笔。

前辈大家都强调，园林是中国传统文化的一部分，不了解中国历史、文学、哲学、审美、书法、绘画建筑等传统文化，不敢轻易置喙。

“冗繁削尽留清瘦，画到生时是熟时”。信哉斯言！
勉为其难，百花成蜜，合此小书，颇多惶恐。
自本自根，抛砖引玉，能开风气，意有自得。

刘全宝

2017 年岁暮于潍坊十笏园